Z-KAI

かっこいい小学生になろう

Z会グレードアップ問題集
全科テスト

国語　算数　理科　社会

小学
3年

JN097884

はじめに

Z会は「考える力」を大切にします。

『Z会グレードアップ問題集　全科テスト』は，教科書レベルの問題では物足りないと感じている方・難しい問題にチャレンジしたい方を対象とした学習到達度を確認するテストです。発展的・応用的な問題を中心に，当該学年の各教科の重要事項をしっかり確認できるよう内容を厳選しています。少ない問題で最大の効果を発揮できるように，通信教育における長年の経験をもとに“良問”をセレクトしました。単純な知識・技能の習得レベルを確認するのではなく，本当の意味での「考える力」が身についているかどうかを確認するテストです。

特徴 1

総合的な読解力・情報整理力・思考力・計算力・表現力の定着を確認できる問題構成。

特徴 2

発展的・応用的な問題を多く掲載。算数・国語の重要単元をしっかり学習できる。

特徴 3

図や資料の読み取りを通して，知識・技能の活用力を伸ばす，理科・社会。

特徴 4

お子さまを的確にサポートできる，別冊『解答・解説』付き。

目次

※「国語」は冊子の後ろ側から始まります。

保護者の方へ

本書は，『Z会グレードアップ問題集』シリーズに取り組んでいない場合でも，実力診断としてお使いいただくことができます。

別冊『解答・解説』23ページに，各教科の単元一覧を掲載していますので，テスト前の確認やテスト後の復習の際にご参照ください。また，『Z会グレードアップ問題集』(別売り)と一緒にお使いいただくと，教科，単元別により多くの問題に取り組むことができて効果的です。

この本の使《つか》い方

❶ この本は全《ぜん》部《ぶ》で16回《かい》あります。
すきな科目の１から順番《じゅんばん》に取《と》り組《く》みましょう。

❷ １回分が終《お》わったら，おうちの人に〇をつけてもらいましょう。

❸ 〇をつけてもらったら，下の「学習《がくしゅう》の記録《きろく》」に，取り組んだ日ととく点を書きましょう。

❹ とく点の右にあるめもりに，とく点の分だけすきな色《いろ》をぬりましょう。

		10	20	30	40	50	60	70	80	90	100
(れい)	85 点	1	2	3	4	5	6	7	8	9	

学習の記録

	取り組んだ日	とく点	10	20	30	40	50	60	70	80	90	100
算数１	月　日	点	1	2	3	4	5	6	7	8	9	
算数２	月　日	点	1	2	3	4	5	6	7	8	9	
算数３	月　日	点	1	2	3	4	5	6	7	8	9	
算数４	月　日	点	1	2	3	4	5	6	7	8	9	
算数５	月　日	点	1	2	3	4	5	6	7	8	9	
国語１	月　日	点	1	2	3	4	5	6	7	8	9	
国語２	月　日	点	1	2	3	4	5	6	7	8	9	
国語３	月　日	点	1	2	3	4	5	6	7	8	9	
国語４	月　日	点	1	2	3	4	5	6	7	8	9	
国語５	月　日	点	1	2	3	4	5	6	7	8	9	
理科１	月　日	点	1	2	3	4	5	6	7	8	9	
理科２	月　日	点	1	2	3	4	5	6	7	8	9	
理科３	月　日	点	1	2	3	4	5	6	7	8	9	
社会１	月　日	点	1	2	3	4	5	6	7	8	9	
社会２	月　日	点	1	2	3	4	5	6	7	8	9	
社会３	月　日	点	1	2	3	4	5	6	7	8	9	

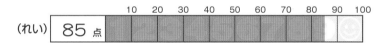

算数

1 かくにんテスト

学習日　　月　　日　　得点　　／100点

1 次《つぎ》の□にあてはまる数を書き入れなさい。（１つ４点）

①

```
  □ 0 □ 6
+ 4 □ 5 7
---------
  7 0 4 3
```

②

```
  4 □ 9 □
− 2 6 □ 8
---------
  1 4 9 7
```

2 同じ絵がかかれたところにはそれぞれ同じ数が入ります。絵がかかれているところに入る数はそれぞれいくつですか。（□１つ３点）

①

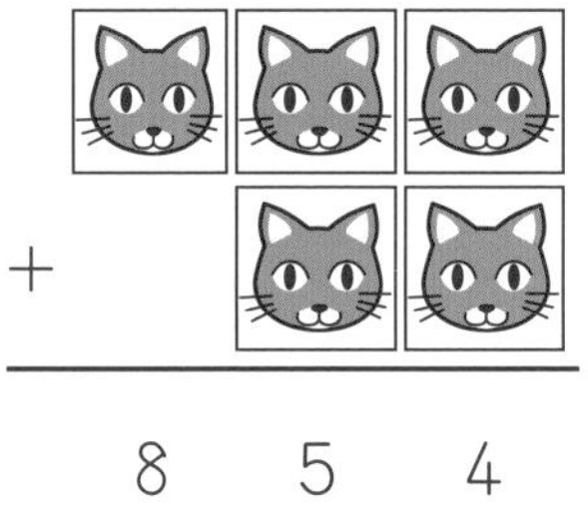

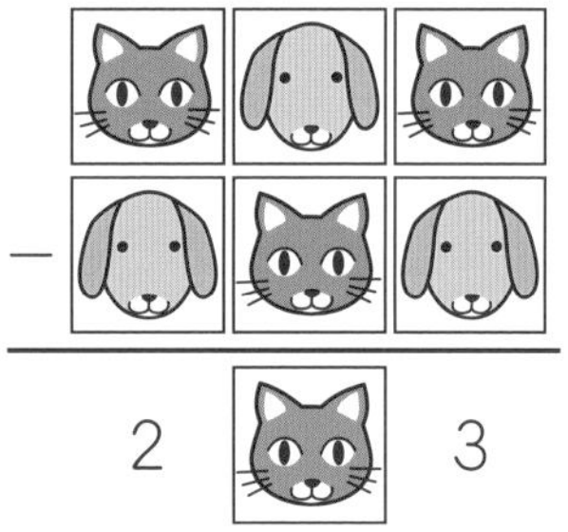

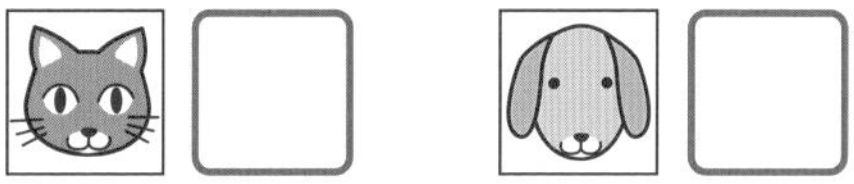

②

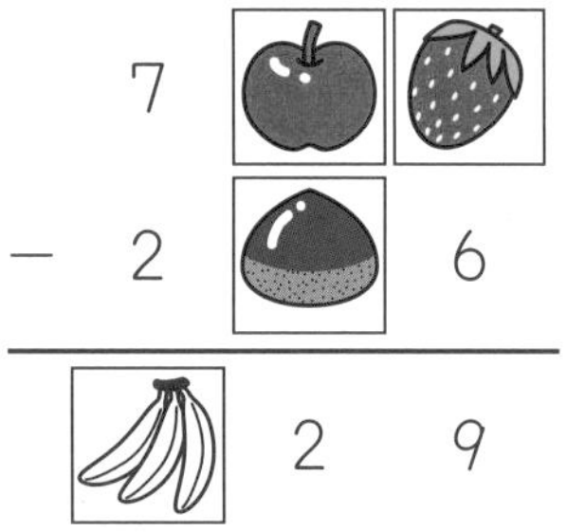

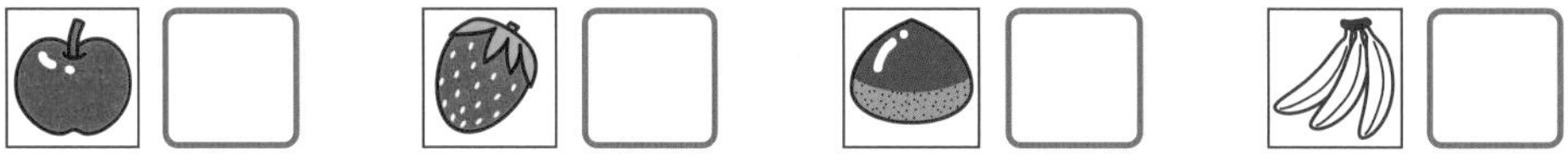

3 次の□にあてはまる数を書きなさい。(1つ2点)

① 6800 m = □ km □ m

② 7 km 20 m = □ m

③ 1458000 cm = □ km □ m

④ 3 km 600 m + 4 km 500 m = □ km □ m

⑤ 8 km − 5 m = □ km □ m

4 次の□にあてはまる数を書きなさい。(1つ2点)

① 6000 kg = □ t

② 80000000 g = □ kg = □ t

③ 700 g + 500 g = □ kg □ g

④ 6 kg 500 g − 2 kg 800 g = □ kg □ g

⑤ 10 kg − 10 g = □ g

5　▢の中から 見本 と同じ形をえらび，（　）に○を書きなさい。（1つ7点）

①　見本

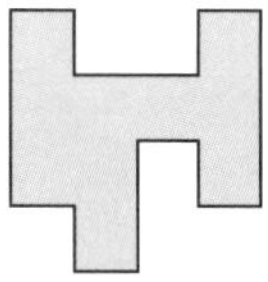

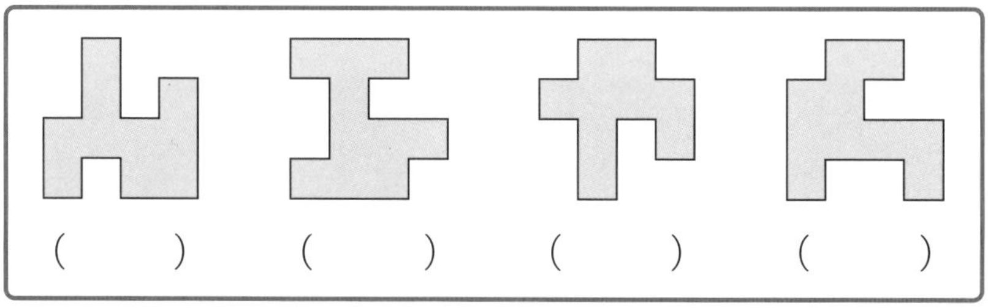

②　見本

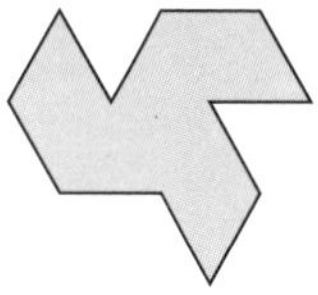

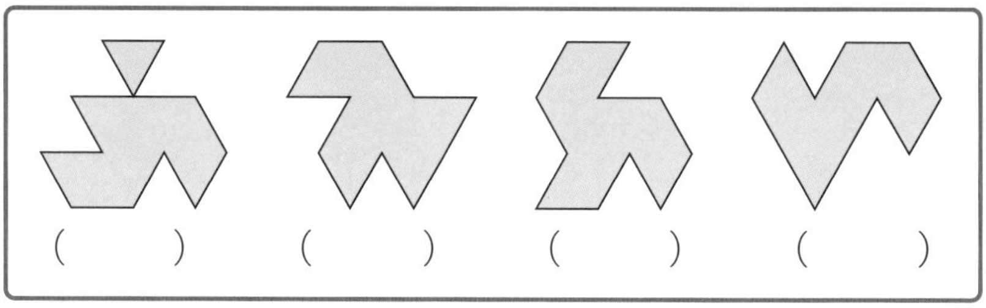

6　□を9こ使《つか》っていろいろな形を作ります。▢の中から 見本 と同じ形をえらび，（　）に○を書きなさい。（1つ8点）

①　見本

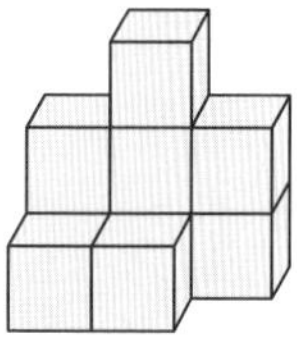

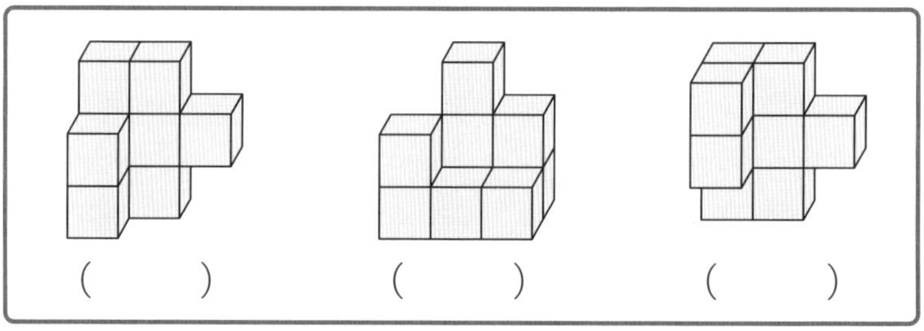

②　見本

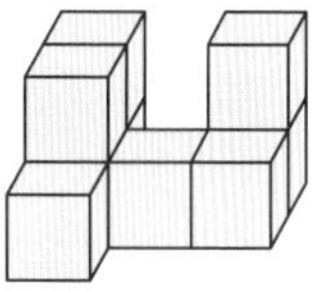

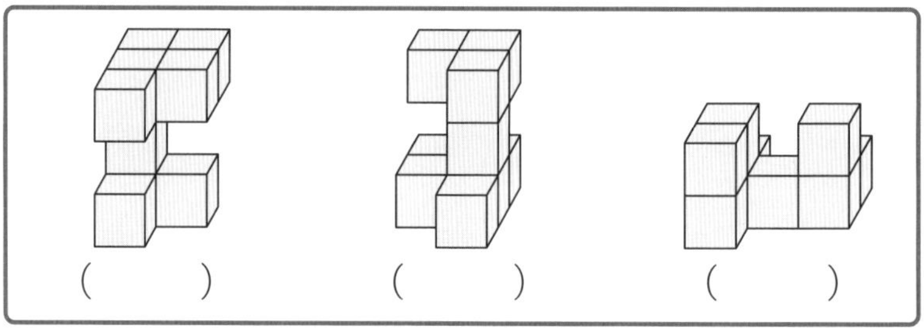

7 ようこさんの家族《かぞく》は，これから家を出て，空港《くうこう》に親せきの人をむかえに行きます。空港にはようこさんの家から駅《えき》に行き，駅から空港行きの電車に乗《の》って行きます。下の表《ひょう》は，空港行きの電車の時こく表の一部《いちぶ》です。

（1つ12点）

時	分
9	15　45
10	15　45
11	10　30　50

1 ようこさんの家族は9時20分に家を出て，20分歩いて駅に着《つ》きました。駅で電車が来るまで待《ま》って，次《つぎ》に発車《はっしゃ》する電車に乗りました。駅で電車を待った時間は何分ですか。

2 ようこさんの家族が乗った電車は11時5分に空港に着きました。電車に乗っていた時間は何時間何分ですか。

算数

2 かくにんテスト

学習日　　月　　日　　得点　　／100点

1 次《つぎ》の□にあてはまる数を書き入れなさい。(1つ3点)

① $2 \times 4 \times 5 = 2 \times \square \times 4$

② $7 \times (6 + 9) = (7 \times \square) + (7 \times 9)$

③ $17 \times 8 = 20 \times 8 - (\square \times 8)$

2 筆算《ひっさん》でしなさい。(1つ4点)

① 467 × 6

② 508 × 7

3 次の□にあてはまる数を書き入れなさい。(1つ4点)

①

	1	□	2	8
×			□	7
1	3	□	9	6
□	7	□	2	
9	□	□	1	6

②

			□	5	3
		×	□	8	□
		4	□	□	7
	□	□	2	4	
□	1	□	1		
□	5	□	4	□	7

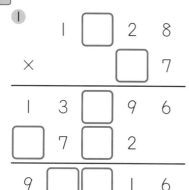

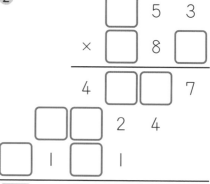

4 かなさんは，自由研究《じゆうけんきゅう》でいろいろな野さいの重《おも》さをはかり，クイズを作りました。

- タマネギ1この重さは，ナス1この重さより120g重いです。
- タマネギ1この重さは200gです。
- キャベツ1この重さは，トマト1この重さの4倍《ばい》です。
- キャベツ1ことトマト1この重さをたすと，1kgです。

1 ナス1この重さを□gとおきます。タマネギ1この重さを，□を使《つか》った式《しき》で表《あらわ》しなさい。(6点)

2 ナス1この重さは何gですか。(式6点・答え6点)

式

答え

3 トマト1この重さを□gとおきます。キャベツ1ことトマト1この重さの合計を，□を使った式で表しなさい。(6点)

4 トマト1この重さは何gですか。(式6点・答え6点)

式

答え

5　下の図のように半径《はんけい》2cmの円をならべました。**ア**～**ス**はそれぞれの円の中心です。(1つ7点)

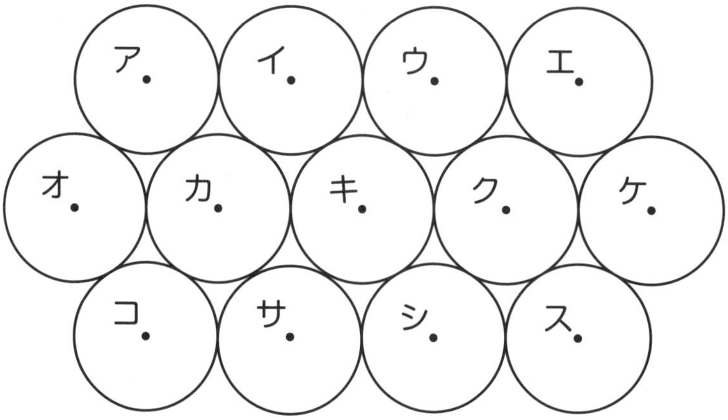

① **ア→カ→サ→キ→ウ→イ→ア**の点をじゅんにむすんでできる三角形の名前を書きなさい。

② ①の三角形の辺《へん》**アサ**の長さは何cmですか。

③ **エ→キ→コ→サ→シ→ク→エ**の点をじゅんにむすんでできる三角形の名前を書きなさい。

6 さとしさんは，次《つぎ》のてんびんパズルにちょうせんしています。

1 ㋐～㋕の６まいのコインがあります。見た目はどれも同じですが，１まいだけほかのコインと重《おも》さがちがうそうです。下の図を見て，重さのちがうコインの記号《きごう》を答えなさい。（８点）

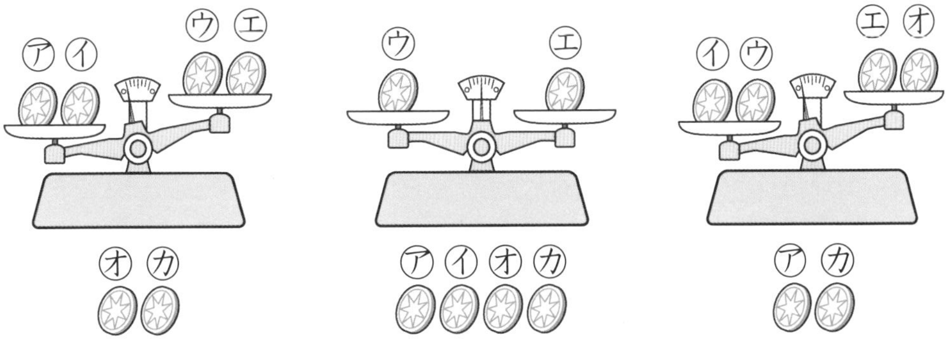

2 コインが１２まいあります。見た目はどれも同じですが，１まいだけほかのコインと重さがちがいます。てんびんを３回使うと，重さがちがうコインをかならず見つけることができます。このとき，１回目に左右の皿《さら》に何まいずつのコインをのせますか。（１０点）

算数

3 かくにんテスト

学習日　　月　　日

得点　　／100点

1 次《つぎ》のわり算をしなさい。（1つ2点）

① 56 ÷ 8

② 35 ÷ 7

③ 0 ÷ 8

④ 200 ÷ 5

⑤ 98 ÷ 7

2 次のわり算をしなさい。わりきれないときは，あまりも出しなさい。（1つ3点）

① 34 ÷ 4

② 48 ÷ 9

③ 53 ÷ 6

④ 70 ÷ 20

3 次の□にあてはまる数を書き入れなさい。（1つ4点）

① □ ÷ 7 = 5 あまり 2

② 78 ÷ □ = 8 あまり 6

4 右の図のようにならべたおはじきの数を，あいているところにおはじきをおいてもとめます。もとめ方を式《しき》で表《あらわ》して，答えも出しなさい。

（式４点・答え４点）

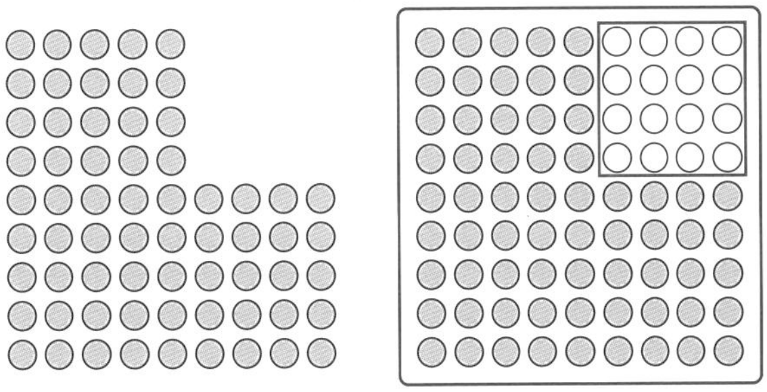

式

答え

5 右の図のようにならべたおはじきの数を，くふうしてもとめます。２通りのもとめ方を式で表して，答えも出しなさい。

（各式４点・答え４点）

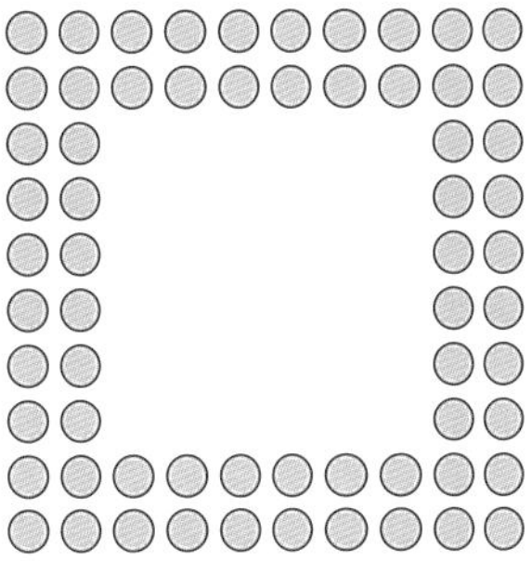

① １つ目のもとめ方

式

答え

② ２つ目のもとめ方

式

答え

6 次《つぎ》の問《と》いに答えましょう。

1 下の図のように，半径《はんけい》 1cm の円をアの直線にそって，(あ)の場所《ばしょ》から(い)の場所まで転《ころ》がします。このとき，円の中心が動《うご》いた長さは何 cm ですか。

(10点)

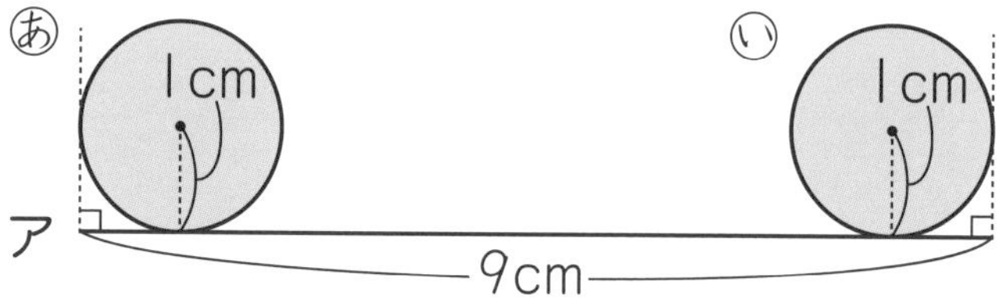

2 下の図のような長方形の内側《うちがわ》を半径 1cm の円が辺《へん》にそって 1 しゅうするとき，円の中心が動いた長さは何 cm ですか。(12点)

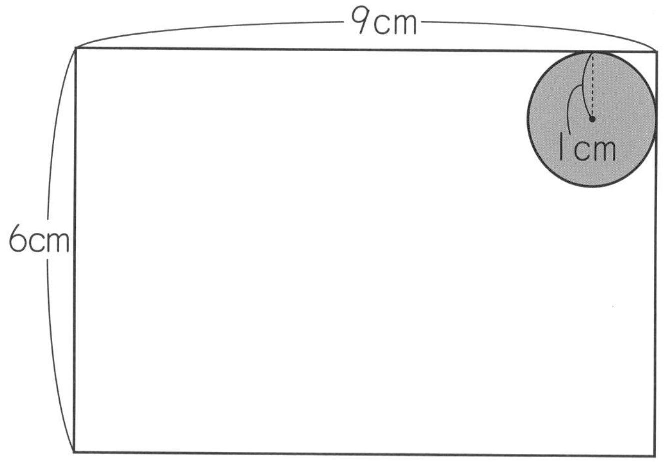

7 ゆうこさんはわくわく県《けん》の小学校に通っています。社会の時間に，クラスで県内にある４つのかん光地に行ったことがある人の数を調《しら》べて，右のグラフにまとめました。

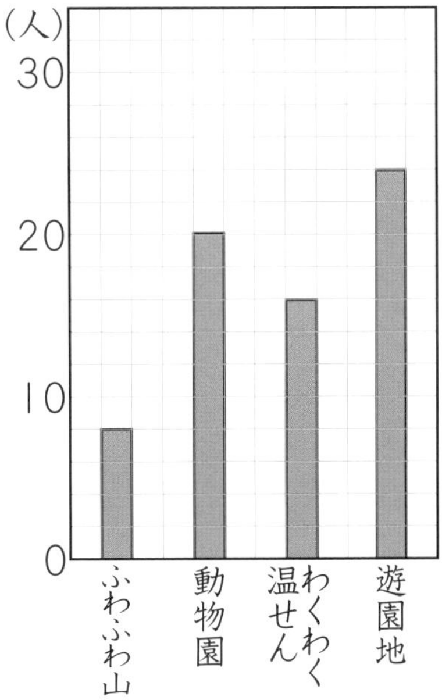

1 動物園《どうぶつえん》に行った人とわくわく温《おん》せんに行った人の数のちがいは何人ですか。(8 点)

2 遊園地《ゆうえんち》に行った人の数は，ふわふわ山に行った人の数の何倍《なんばい》ですか。

(式４点・答え４点)

式

答え

3 動物園と遊園地の両方《りょうほう》に行ったことがある人は13人います。遊園地に行ったことがあるけれど，動物園に行ったことがない人は何人いますか。

(8 点)

算数

4 かくにんテスト

学習日　月　日　得点　／100点

1 次《つぎ》の□にあてはまる数を書き入れなさい。(１つ４点)

① ３Ｌ５dL ＝ □ Ｌ

② 20cm５mm ＝ □ cm

2 次の計算をしなさい。(１つ３点)

① 8.6 ＋ 4.9

② 7.5 − 4.8

③ 12 − 5.8

④ 7.9 ＋ 6.4 − 5.6

3 次の□に，＋か−のどちらかあてはまる記号《きごう》を書き入れなさい。

(１つ３点)

① 6.7 □ 5.8 □ 5.2 ＝ 6.1

② 9.2 □ 6.3 □ 5.9 ＝ 9.6

4 わくわく公園の入り口の前にあるまっすぐな道と池のまわりには，クスノキが植《う》えてあります。（各式6点・答え6点）

1 長さ42 mのまっすぐな道にそって，はしからはしまで7本の木が同じかんかくで植えてあります。木と木の間の長さは何mですか。

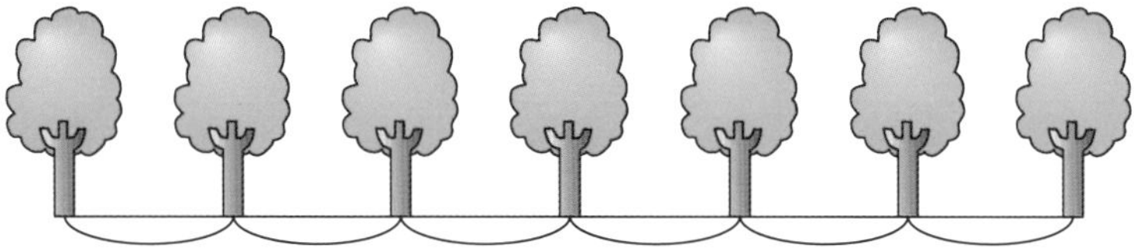

式

答え

2 まるい形をした池のまわりに，9 mごとに木が7本植えてあります。この池のまわりの長さは何mですか。

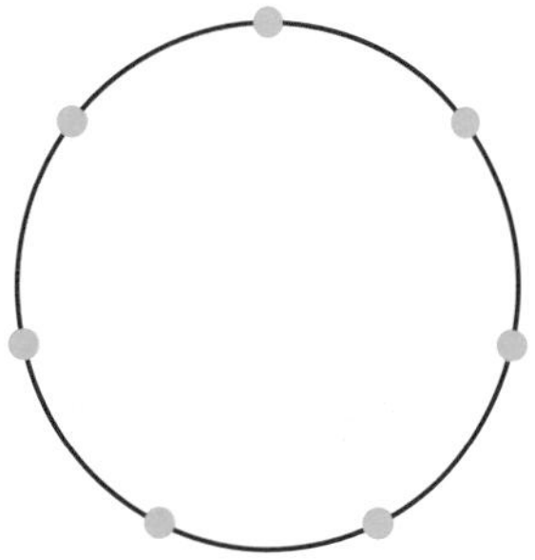

式

答え

5 たて 2cm，横《よこ》 1cm の長方形の紙をたくさん用意《ようい》します。紙の長いほうの辺《へん》をぴったりつけて右にならべていきます。□にあてはまる数を答えなさい。

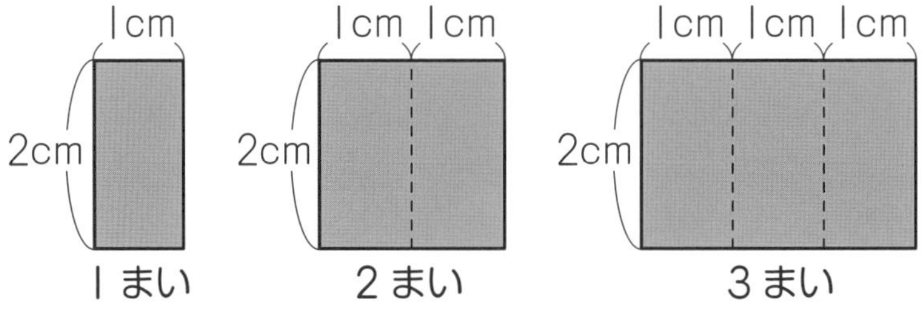

① 長方形の紙が 1 まいふえると，できた形のまわりの長さがどのようにかわるかを下のように考えていきます。(□1つ3点)

長方形の紙を 1 まいならべたとき，まわりの長さは □ cm です。

長方形の紙を 2 まいならべたとき，まわりの長さは □ cm です。

長方形の紙を 3 まいならべたとき，まわりの長さは □ cm です。

したがって，長方形の紙が 1 まいふえると，まわりの長さは

□ cm ふえます。

② 長方形の紙を 3 まいならべたとき，できた形のまわりの長さを計算でもとめると，

6 ＋（2 × □）＝ □ (cm) となります。(□1つ4点)

③ 長方形の紙を 10 まいならべたとき，できた形のまわりの長さは

□ cm です。(6点)

6 かなさんが弟のやまとさんといっしょに昔話《むかしばなし》「一寸法《いっすんぼう》師《し》」を読んでいると，やまとさんから「一寸《いっすん》」の意味《いみ》を聞かれました。かなさんも知らなかったので，一寸について調《しら》べてみました。

一寸の「寸」は長さのたんいで，一寸法師のせの高さは1寸です。
「寸」は，昔の長さのたんい「尺《しゃく》」をもとに決《き》められています。
「尺」はもともと大人が手を広げたときの親指《おやゆび》の先と人さし指の先の間の長さがもとになったと考えられていますが，今では1尺はだいたい30cmとされています。
1寸は1尺の $\frac{1}{10}$ の長さです。
1尺はだいたい30cmだから，1寸はだいたい□cmです。

1 上のお話の□にあてはまる数を書き入れなさい。(6点)

2 やまとさんの身長《しんちょう》は96cmです。やまとさんの身長を尺と寸を使《つか》って表《あらわ》すと，何尺何寸になりますか。(8点)

3 お父さんの身長を尺と寸を使って表すと，5尺9寸になります。お父さんの身長は何cmですか。(10点)

かくにんテスト

学習日　　月　　日

得点　　／100点

1 次《つぎ》の問《と》いに答えなさい。（1つ5点）

① $\frac{2}{8} < \frac{\square}{8} < \frac{7}{8}$ の□にあてはまる整数《せいすう》は何こありますか。

② $\frac{1}{12} < \frac{1}{\square} < \frac{1}{8}$ の□にあてはまる整数《せいすう》は何こありますか。

2 次の計算をしなさい。（1つ4点）

① $\frac{4}{12} + \frac{3}{12}$

② $\frac{7}{9} - \frac{2}{9}$

③ $1 - \frac{4}{15}$

④ $\frac{7}{14} - \frac{5}{14} + \frac{1}{14}$

⑤ $\frac{12}{13} - \frac{5}{13} + \frac{2}{13}$

⑥ $1 - \frac{8}{10} + 0.5 - \frac{4}{10}$

3 日本ではふだん，次の6しゅるいのこうかが使《つか》われています。

一円玉　五円玉　十円玉　五十円玉　百円玉　五百円玉

ひなたさんはスーパーマーケットで買《か》い物《もの》をしています。このスーパーマーケットでは，お客《きゃく》さんにおつりをわたすとき，こうかのまい数がいちばん少なくなるようにしています。ひなたさんはレジで「代金《だいきん》は660円です。」と言われました。

1 ひなたさんが千円さつにこうかを1まいたして出すと，おつりのこうかのまい数が少なくなります。1まいたすこうかのしゅるいを答えなさい。また，このときおつりでもらうこうかは全部《ぜんぶ》で何まいになりますか。（1つ6点）

1まいたすこうかのしゅるい

おつりでもらうこうかのまい数

2 ひなたさんが千円さつにこうかを3まいたして出すと，おつりでもらうこうかが1まいになりました。ひなたさんが出した3まいのこうかを合わせるといくらになりますか。（8点）

4 次《つぎ》のようにさいころを転《ころ》がします。さいころは，⚀と⚅，⚁と⚄，⚂と⚃の面《めん》がそれぞれ向《む》かい合っています。(１つ８点)

転がし方

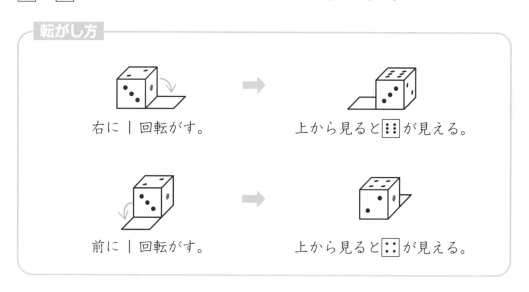

右に１回転がす。　　上から見ると⚅が見える。

前に１回転がす。　　上から見ると⚃が見える。

① 次のように右に３回転がしたあと，上から見たときの面に書かれている数を数字で答えなさい。

はじめ

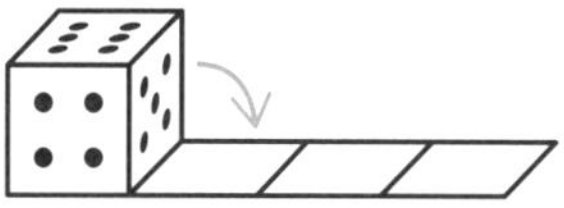

② 次のように前に２回，右に２回，前に１回のじゅんに転がしたあと，上から見たときの面に書かれている数を数字で答えなさい。

はじめ

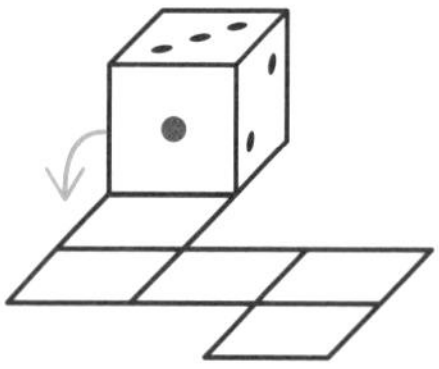

5 11月になりました。りんさんとそうたさんは11月のカレンダーを見ながら話しています。

11

日	月	火	水	木	金	土
	1	2	3	4	5	6
7	8	9	10	11	12	13
14	15	16	17	18	19	20
21	22	23	24	25	26	27
28	29	30				

1 次の□にあてはまる数やことばを書きなさい。同じ記号《きごう》の□には同じ数が入ります。（1つ4点）

りん　：弟の誕生日《たんじょうび》が12月16日なの。何曜日かな。

そうた：12月のカレンダーを見なくてもわかる方法《ほうほう》を知っているよ。

りん　：そうたさん，すごい！　教えて。

そうた：もちろん！　1週間たつと同じ曜日にもどってくるね。だから，7日間を1つのかたまりとみて，7でわったときのあまりを考えるんだ。11月の月曜日は，日にちを7でわったあまりがいつも ㋐［　　］ になるね。あまりから曜日がわかるよ。

りん　：11月の日にちを7でわったあまりが ㋑［　　］ なら，金曜日とわかるのね。

そうた：そうだね。では，りんさんの弟の誕生日の曜日をもとめるよ。11月の曜日とあまりの関係《かんけい》を使《つか》うために，12月16日を11月の日にちで表《あらわ》してみよう。

りん　：12月16日は11月 ㋒［　　］ 日と表せるよ。

そうた：㋒［　　］ を7でわったあまりはいくつかな。

りん　：あまりは ㋓［　　］ だから，12月16日は ㋔［　　］ 曜日だね。

そうた：正解《せいかい》！　来年のカレンダーがなくても，りんさんなら，来年1月1日の曜日がわかるはず。12月は31日まであるよ。

りん　：まかせて！

2 来年の1月1日は何曜日ですか。（式5点・答え5点）

式

答え

理科

1 かくにんテスト

学習日　　月　　日　得点　　／100点

1　あやかさんは，ヒマワリのたねをまいて，育《そだ》ち方《かた》をかんさつしました。あとの問《と》いに答えなさい。(１つ６点)

１　ヒマワリのたねを花だんにまくときのようすとして正しいものを，次《つぎ》の**ア**～**ウ**の中から１つえらび，記号《きごう》を書きなさい。

ア　土に指《ゆび》であなをあけ，その中にたねを入れたら，その上にひりょうをかけておく。

イ　たねを直せつ土の上におき，水や土はかけないようにする。

ウ　土に指であなをあけ，その中にたねを入れてから土をかぶせ，水をかけておく。

２　ヒマワリの子葉《しよう》はどれですか。次の**ア**～**エ**の中から１つえらび，記号を書きなさい。

ア

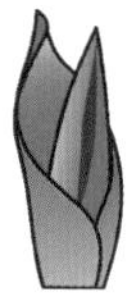

イ

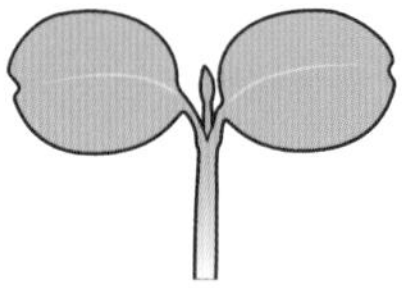

ウ

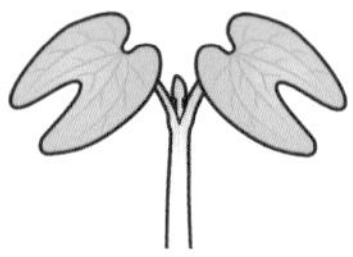

エ

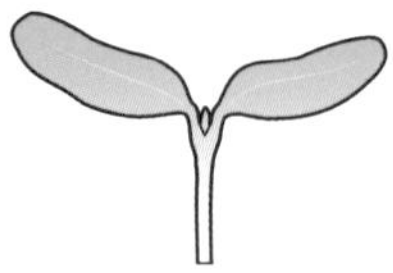

３　ヒマワリは，子葉が２まい出たあと，どのように大きくなりますか。次の**ア**～**エ**の中から１つえらび，記号を書きなさい。

ア　草たけがのび，子葉と色と大きさがおなじ葉《は》がふえる。

イ　草たけはかわらず，子葉と色と大きさがおなじ葉がふえる。

ウ　草たけがのび，子葉より色がこく大きい葉がふえる。

エ　草たけはかわらず，子葉より色がこく大きい葉がふえる。

2　しょうたさんは，近くの公園へ行ってタンポポをかんさつしました。あとの問《と》いに答えなさい。（1つ6点）

1　タンポポと草たけが同じくらいの植物《しょくぶつ》を，次《つぎ》の**ア**～**ウ**の中から1つえらび，記号《きごう》を書きなさい。

ア　アブラナ　　**イ**　ハルジオン　　**ウ**　オオバコ

2　しょうたさんは，タンポポの花を1つ手にとって，虫めがねでかんさつしました。かんさつのしかたとして正しいものを，次の**ア**～**エ**の中から1つえらび，記号を書きなさい。

ア　ルーペを目に近づけて持《も》ち，タンポポを動《うご》かしてかんさつする。
イ　ルーペを目に近づけて持ち，顔を動かしてかんさつする。
ウ　ルーペを目からはなして持ち，タンポポを動かしてかんさつする。
エ　ルーペを目からはなして持ち，顔を動かしてかんさつする。

3　タンポポについてあてはまるものを，次の**ア**～**ウ**の中から1つえらび，記号を書きなさい。

ア　おもに，日なたにさいていて，花の色は黄色である。
イ　おもに，日かげで育《そだ》ち，夕方に花が開く。
ウ　おもに，夏から秋にかけて花がさき，冬にたねができる。

4　タンポポの葉はどれですか。次の**ア**～**エ**の中から1つえらび，記号を書きなさい。

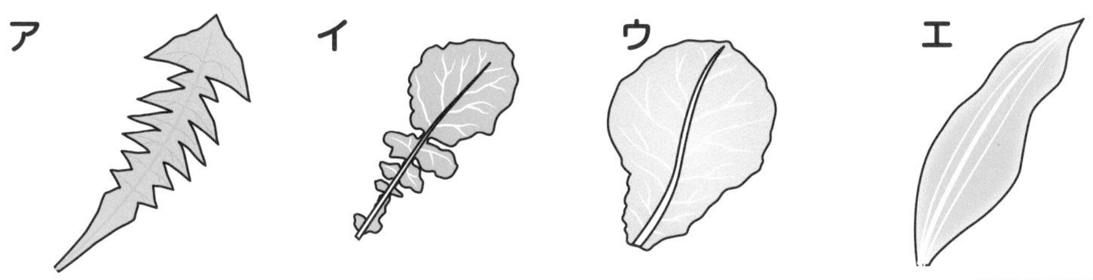

3 形と大きさが同じ4種類《しゅるい》のおもりがあります。それぞれの重《おも》さをはかると次《つぎ》の表のようになりました。あとの問《と》いに答えなさい。

	鉄《てつ》	木	ねんど	プラスチック
重さ	160g	10g	38g	27g

1 図1のように，てんびんの右の皿《さら》に鉄のおもり1こ，左の皿にプラスチックのおもり5こと木のおもり1こをのせました。てんびんはどちらにかたむきますか。**ア**，**イ**のどちらかを書きなさい。(6点)

図1

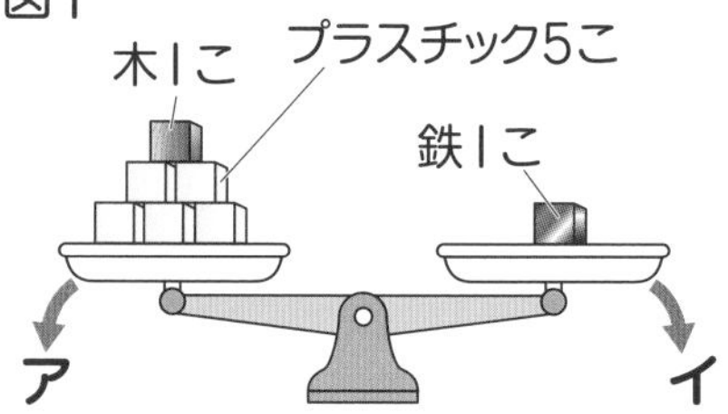

2 木とねんどのおもりをそれぞれ半分に切ったものを1こずつと，プラスチックのおもり1こをはかりにのせました。はかりは何gをしめしますか。(6点)

3 重さが1gの鉄，木，ねんど，プラスチックのおもりがあります。それぞれのおもりの大きさをくらべたとき，いちばん小さいものと，いちばん大きいものをそれぞれ書きなさい。(□1つ5点)

いちばん小さいもの　　いちばん大きいもの

4 図2のような，たて1cm，横《よこ》1cm，高さ1cmの鉄のおもりは1こ8gです。あるトレットペーパー1こは，図2の大きさの鉄のおもり20こ分の重さでした。このトイレットペーパーは，図2と同じ大きさの木のおもり何こ分の重さですか。(8点)

図2

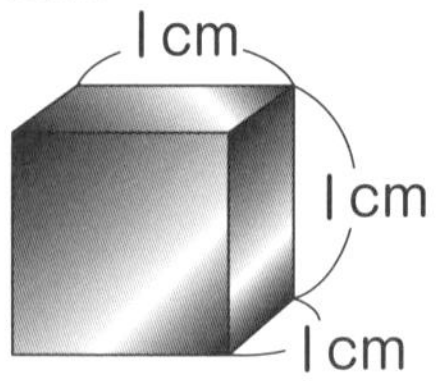

4　図１のように，大だいこをたたいたときの，うすい紙のようすを調《しら》べました。あとの問《と》いに答えなさい。

図１

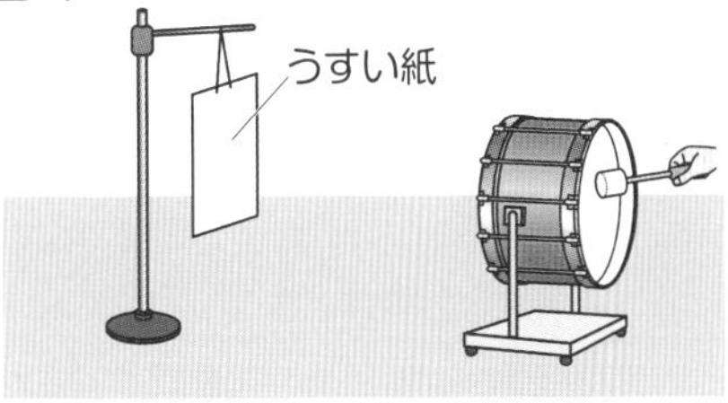

１　大だいこのたたき方をだんだん強くしていくと，うすい紙はどのようになりますか。次《つぎ》の**ア**〜**ウ**の中から１つえらび，記号《きごう》を書きなさい。（6点）

ア　ふるえの大きさがだんだん小さくなる。
イ　ふるえの大きさはかわらない。
ウ　ふるえの大きさがだんだん大きくなる。

２　大だいこをたたいたら，すぐにたたいたところを手でおさえると，大だいこの音はどうなりますか。かんたんに書きなさい。（8点）

３　２のようになるのはなぜですか。その理由《りゆう》をかんたんに書きなさい。（8点）

４　図２のように，大だいことうすい紙の間に，うすい紙よりも大きな板《いた》をおくと，大だいこをたたいたときのうすい紙のふるえ方はどうなりますか。次の**ア**〜**ウ**の中から１つえらび，記号を書きなさい。（6点）

図２

ア　大きな板をおく前とふるえの大きさはかわらない。
イ　大きな板をおく前より，ふるえの大きさは大きくなる。
ウ　大きな板をおく前より，ふるえの大きさは小さくなる。

理科

2　かくにんテスト

学習日　　月　　日　　得点　　／100点

1　①～④は，モンシロチョウの一生のいろいろな時期《じき》のすがたを表《あらわ》しています。あとの問《と》いに答えなさい。

①

②
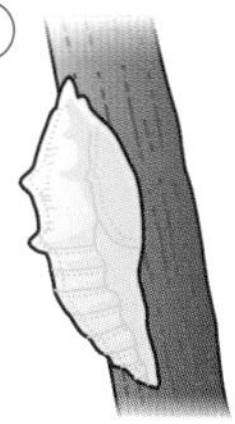
③
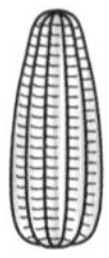
④
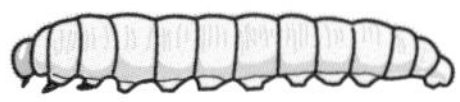

1　①～④をたまごからせい虫に育《そだ》っていくじゅんにならべかえ，記号《きごう》を書きなさい。（6点）

　→　→　→

2　モンシロチョウが冬をこすときのすがたを，①～④の中から1つえらび，番号を書きなさい。（6点）

3　モンシロチョウのたまごがうみつけられる植物《しょくぶつ》を，次《つぎ》の**ア**～**エ**の中から1つえらび，記号を書きなさい。（6点）

ア　ミカン　　**イ**　ニンジン　　**ウ**　サンショウ　　**エ**　キャベツ

4　モンシロチョウが，3でえらんだ葉にたまごをうむ理由《りゆう》をかんたんに書きなさい。（10点）

2 こん虫《ちゅう》などの生き物について，あとの問《と》いに答えなさい。

1　こん虫についてせつ明した文として正しいものを，次《つぎ》の**ア**～**ウ**の中から｜つえらび，記号《きごう》を書きなさい。(6点)

ア　トンボのよう虫は水の中でくらし，せい虫になる前に土の中にもぐる。
イ　すべてのこん虫は，たまご→よう虫→さなぎ→せい虫のじゅんで育《そだ》つ。
ウ　ショウリョウバッタのよう虫とせい虫は，すがたがにている。

2　こん虫のあしのつき方として正しいものを，次の**ア**～**エ**の中から｜つえらび，記号を書きなさい。(6点)

ア
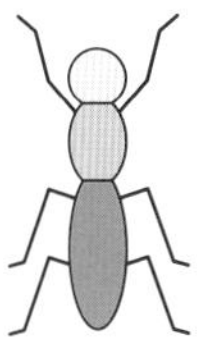
イ
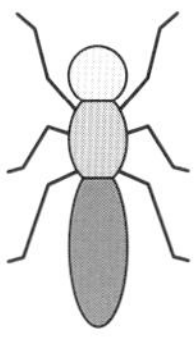
ウ
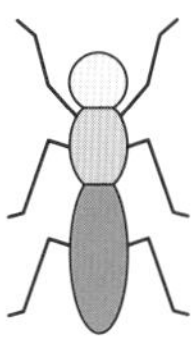
エ
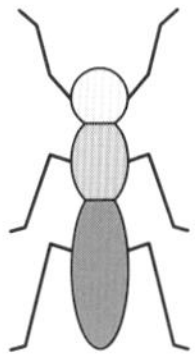

3　サソリについてせつ明した次の文の（　①　）～（　⑤　）にあてはまることばを，あとの**ア**～**サ**からえらび，記号を書きなさい。(｜つ2点)

こん虫はからだが（　①　）つの部分《ぶぶん》に分かれていて，（　②　）本のあしが（　③　）からはえていますが，サソリや（　④　）は，からだが2つの部分に分かれていて，（　②　）本より（　⑤　）のあしがはえています。そのため，サソリや（　④　）はこん虫のなかまではありません。

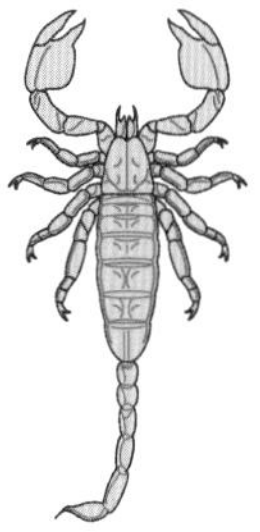

ア　カブトムシ　**イ**　クモ　**ウ**　2　**エ**　3　**オ**　6　**カ**　8
キ　あたま　**ク**　むね　**ケ**　はら　**コ**　多い本数　**サ**　少ない本数

①　②　③
④　⑤

3　まなみさんは，図１のように，風で動《うご》く車を作り，車の進《すす》み方について調《しら》べました。あとの問《と》いに答えなさい。（１つ７点）

図１

１　送風機《そうふうき》の風を決まった時間，車に当て車が進んだきょりを調べました。図２は，風の強さをかえて４回調べた結果をぼうグラフにまとめたものです。送風機の風が一番強かったと考えられるものは何回目ですか。１回目から４回目の中から１つえらび，書きなさい。

図２

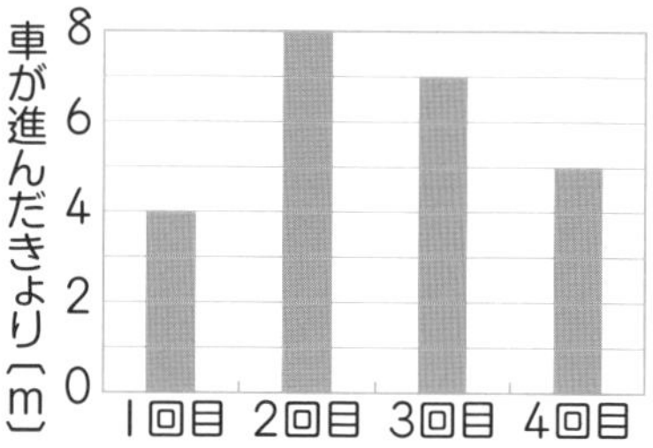

２　図３のように，送風機の上の半分だけを下じきでかくして，図２の１回目と同じ強さで風を当てると，図２の１回目とくらべて車が走る速《はや》さはどうなりますか。次《つぎ》の**ア**～**ウ**の中から１つえらび，記号《きごう》を書きなさい。

図３

ア　図３の車は，図２の１回目の車より速く進む。
イ　図３の車は，図２の１回目の車よりゆっくり進む。
ウ　進む速さはかわらない。

３　図４のように首が動かせない小さなせん風機をつけた車を作りました。このせん風機のスイッチを入れたときの車の動きとして正しいものを，次の**ア**～**エ**の中から１つえらび，記号を書きなさい。

図４

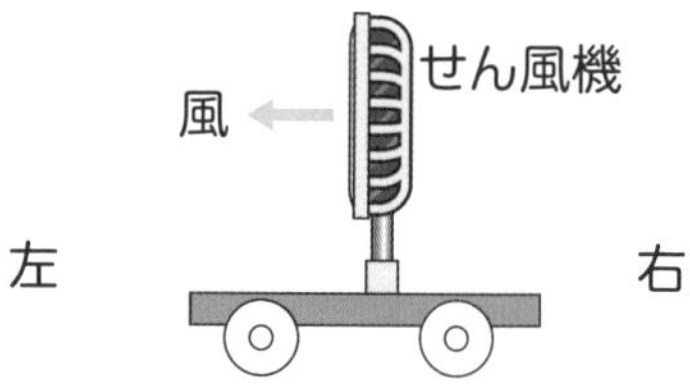

ア　左向《む》きに動《うご》く。　**イ**　右向きに動く。
ウ　回転《かいてん》し始《はじ》める。　**エ**　もとのいちから動かない。

4　けいじさんは，図1のようなゴムを引っぱって動かす車と，図2のようなゴムをねじって動かす車を作りました。あとの問《と》いに答えなさい。

図1

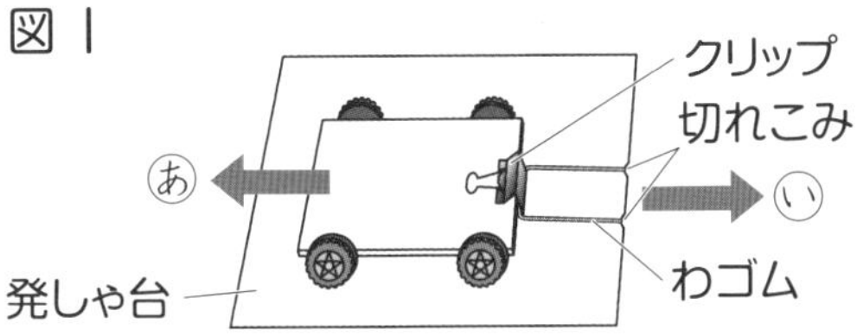

図2

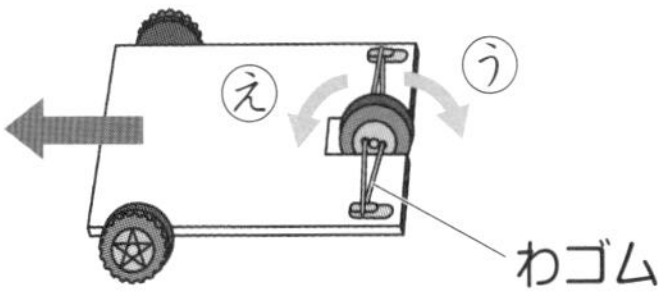

1　発《はっ》しゃ台の切れこみに，図1の車にとりつけたわゴムを引っかけ，わゴムがのびるよう(あ)の方向に車を引いたあと，手をはなすと車が走りました。車は図1の(あ)，(い)のどちらの向きに動きましたか。どちらかをえらび，記号を書きなさい。(6点)

2　1のように車が動くのは，わゴムのどのような力を利用《りよう》しているからですか。かんたんに書きなさい。(10点)

3　1のときとわゴムを引く長さは同じにして，1のときより長いきょりを走らせるためにはどうすればよいですか。次《つぎ》の**ア**～**ウ**の中からまちがっているものを1つえらび，記号《きごう》を書きなさい。(6点)

ア　わゴムを，太いわゴムにかえる。
イ　わゴムを，細いわゴムにかえる。
ウ　わゴムを，2本にする。

4　図2の車を，の向きに走らせるには，はじめにタイヤを(う)と(え)のどちらの向きにまわして，わゴムをねじればよいですか。どちらかをえらび，記号を書きなさい。(7点)

理科

3 かくにんテスト

学習日　月　日　得点　／100点

1　えいたさんは，日本の学校の運動場《うんどうじょう》で晴れた日にぼうをたて，かげのでき方を調《しら》べました。あとの問《と》いに答えなさい。(１つ６点)

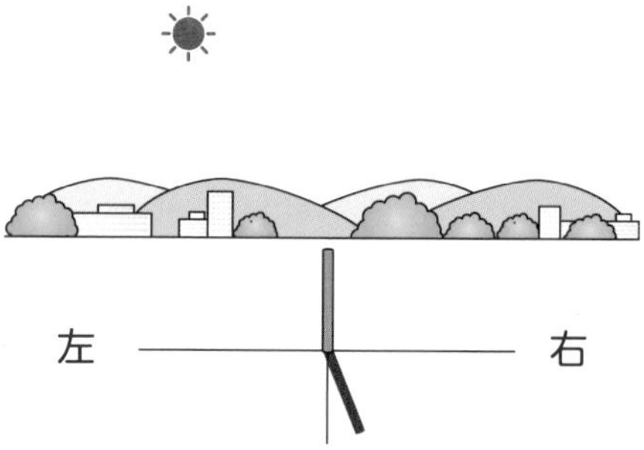

１　右の図は，午前１１時にできたかげのようすです。ぼうの右がわはどの方《ほう》位《い》になりますか。「東」・「西」・「南」・「北」のいずれかを書きなさい。

２　図のかげは，午前１１時をすぎてからどのようにへん化《か》しましたか。次《つぎ》の**ア**～**エ**の中から１つえらび，記号《きごう》を書きなさい。

ア　かげはだんだん長くなりながら右のほうへ動《うご》き，正午すぎから短《みじか》くなっていく。

イ　かげはだんだん短くなりながら右のほうへ動き，正午すぎから長くなっていく。

ウ　かげはだんだん長くなりながら左のほうへ動き，正午すぎから短くなっていく。

エ　かげはだんだん短くなりながら左のほうへ動き，正午すぎから長くなっていく。

３　右の表は，運動場の日なたの場所と日かげの場所それぞれの午前９時と正午の地面《じめん》の温度《おんど》を表《あらわ》しています。校しゃの日かげはどちらですか。**ア**・**イ**のどちらかで書きなさい。

	９時	正午
ア	１４℃	２０℃
イ	１３℃	１５℃

2 虫めがねを使《つか》って，日光を集《あつ》めます。あとの問《と》いに答えなさい。

1　同じ虫めがねで日光を集めたとき，日光が集まった部分がいちばん明るいのはどれですか。次の**ア**～**ウ**の中から1つえらび，記号《きごう》を書きなさい。（6点）

ア　　　　**イ**　　　　**ウ**

2　図1のように，大きな虫めがね**ア**と小さな虫めがね**イ**で紙の上に日光を集めました。日光が集まっている部分《ぶぶん》が同じ大きさのとき，紙がはやくこげるのはどちらですか。**ア・イ**のどちらかをえらび，記号を書きなさい。（6点）

図1

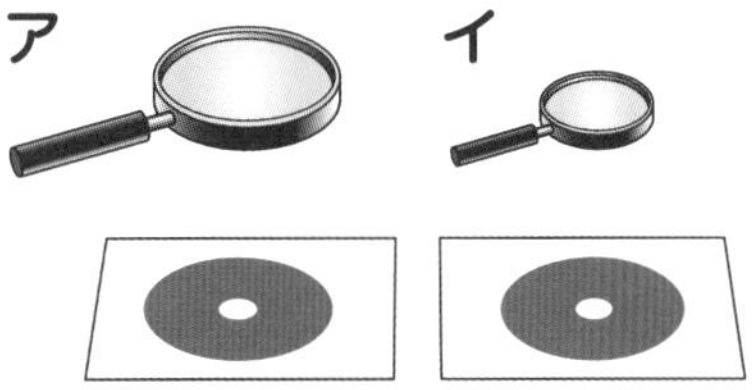

3　2で答えた虫めがねのほうが，紙がはやくこげるのはなぜですか。その理由《りゆう》をかんたんに書きなさい。（8点）

4　虫めがねで日光を集めるとき，図2の矢じるしの方向《ほうこう》に虫めがねを動かしていくと，あるところで紙にうつった光とかげが図3のようになりました。さらに虫めがねを遠ざけていくと，どのようになりますか。次《つぎ》の**ア**～**ウ**の中から1つえらび，記号を書きなさい。（6点）

図2

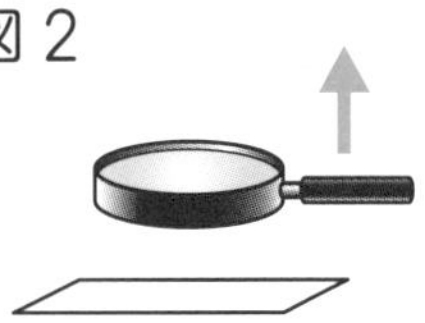

図3

ア　　　　**イ**　　　　**ウ**

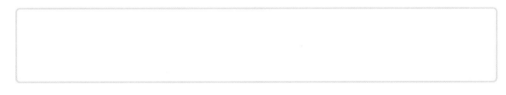

3 豆電球《まめでんきゅう》とソケット，新しいかん電池，スイッチを使《つか》って，次《つぎ》の①～④のつなぎ方で豆電球を光らせます。あとの問《と》いに答えなさい。

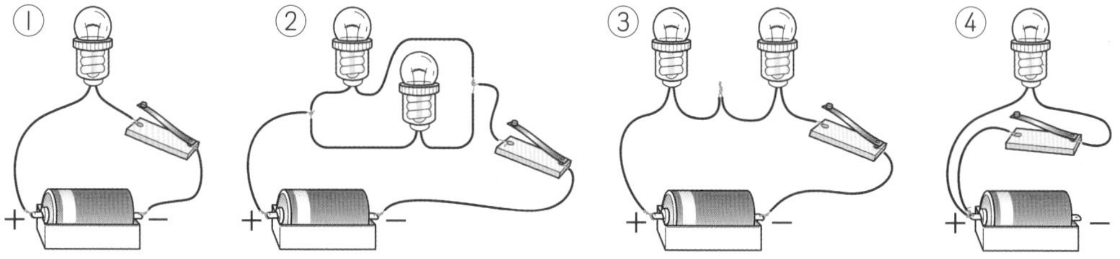

1　スイッチを入れても，豆電球が光らないものはどれですか。①～④の中からえらび，記号《きごう》を書きなさい。(6点)

2　③のつなぎ方でスイッチを入れてから，2この豆電球のうちどちらか1こをソケットからはずすと，のこった豆電球はどうなりますか。次の**ア**～**ウ**の中から1つえらび，記号を書きなさい。(6点)

ア　光らないままである。　　**イ**　光ったままである。

ウ　光っていたが消《き》えてしまう。

3　図1のようにつないだところ，豆電球は光りませんでした。その理《り》由《ゆう》をかんたんに書きなさい。(8点)

図1

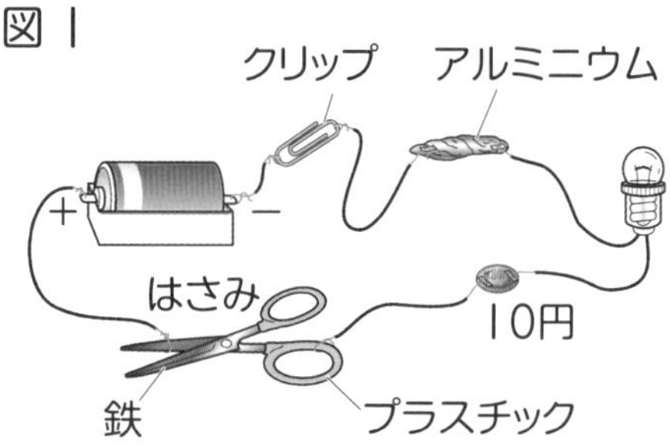

4　図2で，**スイッチA**をおすと⑤の豆電球が光り，**スイッチB**をおすと⑥の豆電球が光るようにどう線をつなぎます。㋐と㋑それぞれを，㋒と㋓のどちらにつなげばよいですか。記号を書きなさい。(1つ4点)

図2

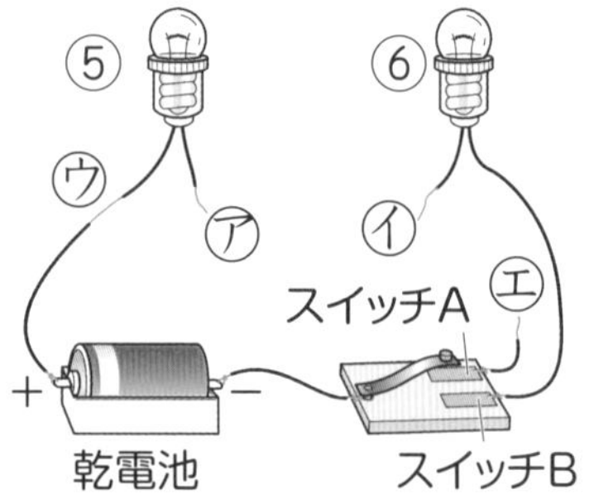

㋐　　㋑

4 じしゃくのはたらきについて，あとの問《と》いに答えなさい。

1　ふくろの中に，アルミニウムはく，鉄《てつ》のクリップ，10円玉，紙，わりばし，プラスチックのじょうぎ，鉄のスプーンが入っています。このうち，じしゃくを使ってふくろから取《と》り出せるものをすべて書きなさい。（8点）

2　図1のように，まん中にあなのあいた2つのじしゃくをぼうに通しました。1つ目のじしゃくをぼうに通して下においてから，もう1つをぼうの上の方から落《お》とすと，図2のようにうきました。その理由《りゆう》をかんたんに書きなさい。（8点）

図1

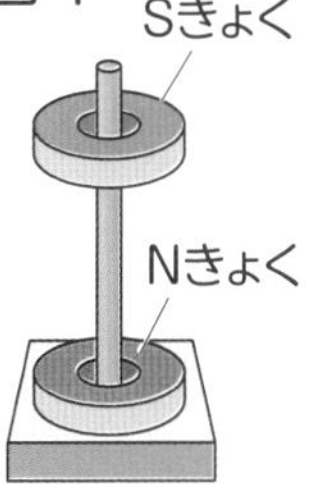

図2

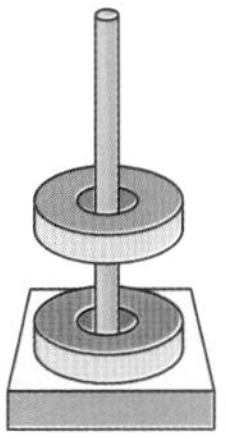

3　図3のように，ぼうじしゃくのSきょくをほういじしんの右がわから近づけたときのほういじしんのはりのようすとして正しいものを，次《つぎ》の**ア〜エ**の中から1つえらび，記《き》号《ごう》を書きなさい。（6点）

図3

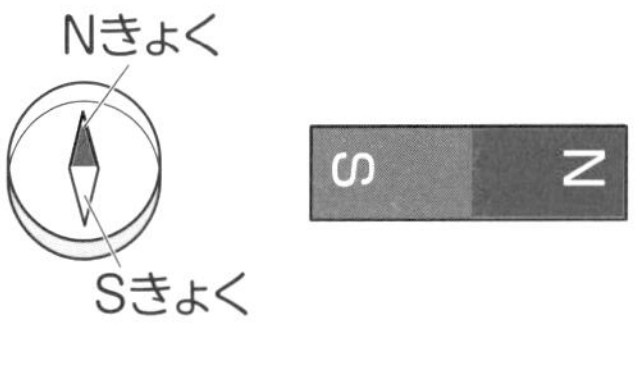

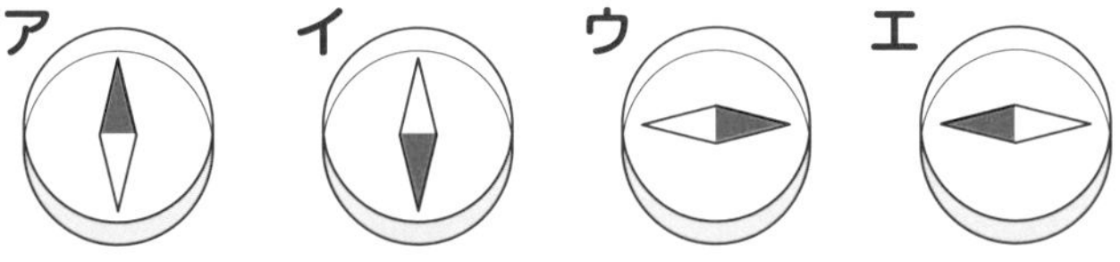

4　図4のように，ぼうじしゃくのNきょくに小さな鉄くぎをつけ，その先にほういじしんを近づけると，ほういじしんの北をさしているはりはどうなりますか，次の**ア〜ウ**の中から1つえらび，記号を書きなさい。（6点）

ア　そのままで動《うご》かない。

イ　鉄くぎに引かれるように動く。

ウ　鉄くぎから遠ざかるように動く。

図4

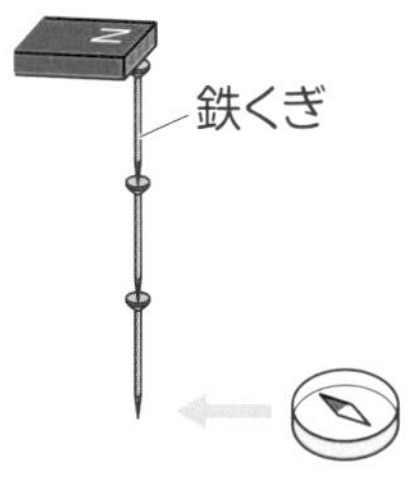

社会

1 かくにんテスト

学習日　　月　　日　得点　　／100点

1 りくさんとはなさんが地図を見ながら話をしています。これを読んで，あとの問《と》いに答えなさい。

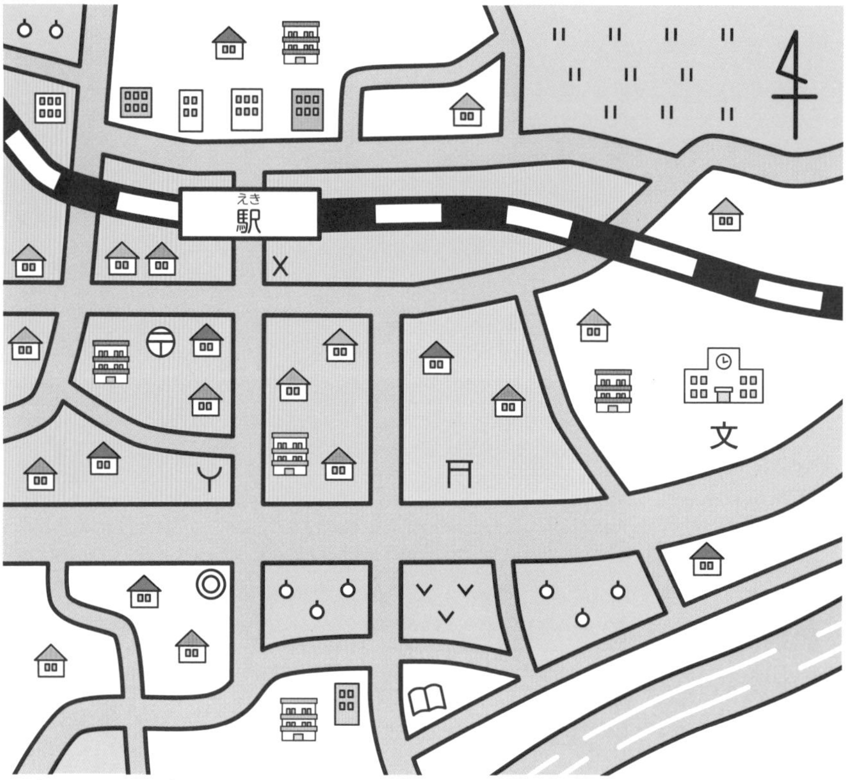

りく：ぼくたちが住《す》んでいる市の地図だよ。町を歩きながら地図記号《きごう》を書き入れて作ってみたんだ。

はな：これを見れば市のどこに何があるか，記号でわかるのね。

まず駅《えき》を南がわに出てすぐのところには（　①　）があって，駅のまわりには住宅地《じゅうたくち》が広がってるね。

駅前の住宅地の中に（　②　）があるのは，利用《りよう》する人が来やすいように考えてあるのかもしれないね。

りく：住宅地の近くには消防《しょうぼう》しょもあるよ。これは大通りに面《めん》しているから出動《しゅつどう》しやすいのではないかな。

はな：たしかにそうだね。消防しょの向《む》かいがわには市役所《しやくしょ》があるけれど，ここにも市内からたくさんの人たちがやってくるらしいよ。

りく：ここも大通りに面しているから，人も車も利用しやすい場所だね。
そういえば，この前は市役所に向かって学校のほうから大通りを歩いたんだけれど，神社《じんじゃ》を通りすぎたところの交差点《こうさてん》を左に曲《ま》がったら畑《はたけ》やかじゅ園にかこまれたしずかな場所に（　③　）があったよ。

1　地図の右上にある方位《ほうい》記号について，**ア**～**ウ**にあてはまる方位をそれぞれ漢字で書きなさい。（1つ4点）

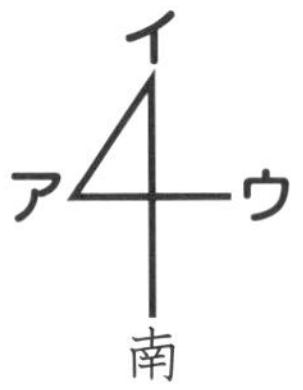

ア　　**イ**　　**ウ**

2　会話文中の①～③にあてはまる言葉を，それぞれ書きなさい。（1つ5点）

①　　②　　③

3　——部の「消防しょ」について，地図記号を書きなさい。また，この地図記号のもとになった道具《どうぐ》を次《つぎ》の**ア**～**ウ**の中から1つえらび，記号を書きなさい。（1つ5点）

ア

イ

ウ
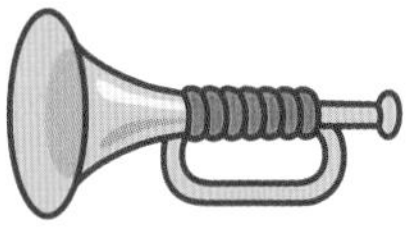

地図記号　　もとになった道具

4　畑とかじゅ園の地図記号を，次の**ア**～**エ**の中から1つずつえらび，記号を書きなさい。（1つ4点）

ア 　**イ** 　**ウ** 　**エ** 

畑　　かじゅ園

2 りくさんたちは，市の様子《ようす》がどのようにかわったのかについて，2つの地図を見て話し合いました。**ア**～**カ**の中で，正しいものには○を，まちがっているものには×を，それぞれ書きなさい。（1つ5点）

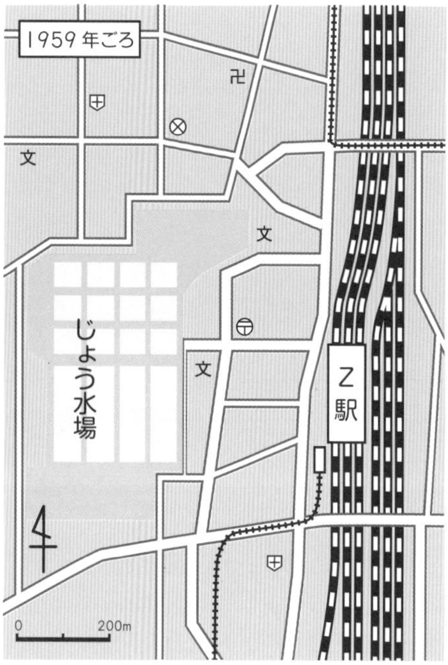

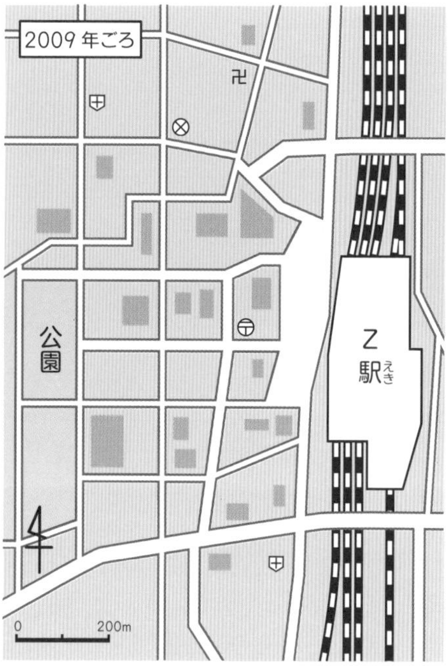

ア 1959年ごろには神社《じんじゃ》とお寺がたくさんあったことがわかります。

イ 2つの地図をくらべると，じょう水場がなくなり，建物《たてもの》がふえたことがわかります。

ウ 2つの地図をくらべると，Z駅《えき》の線路《せんろ》の数がへり，駅の建物が小さくなっていることがわかります。

エ 2つの地図をくらべると，けいさつしょの場所《ばしょ》は大きくかわっておらず，けいさつしょの北東にあるお寺もそのままだということがわかります。

オ 1959年ごろにくらべて，2009年ごろは大きなけがをする人がへったので，病院《びょういん》の建物が大きくなったことがわかります。

カ 1959年ごろにくらべて，2009年ごろの地図では3つの小・中学校がなくなり，また2つの鉄道《てつどう》もなくなっていることがわかります。

ア		**イ**		**ウ**	
エ		**オ**		**カ**	

22TS68

2022年度 小学生向け

Z会の通信教育のご案内

おためし教材
さしあげます!
くわしくは最終ページへ！

3つのアプローチで「考える力」を育みます

お子さまに寄り添う**個別指導**

品質に**こだわり抜いた**教材

学習への**意欲を高める**しくみ

Z 会は顧客満足度 No.1！

3年連続受賞

2年連続受賞

Z 会の通信教育 小学生向けコースはイード・アワード 2020「通信教育」小学生の部・小学生タブレットの部にて総合満足度最優秀賞を受賞しました。
株式会社イード https://www.iid.co.jp/

Z会
の通信教育

目標や目的に合わせて、一人ひとりに最

小学生コース

1〜6年生

いつの間にか実力がついている。
それは「考える力」の成果です。

1・2年生

シンプルかつ上質な教材で勉強の楽しさを味わいながら、学習習慣を身につけます。国語・算数、Z会オリジナル教科「経験学習」とデジタル教材の英語、プログラミング学習をセットで。さらに思考力をきたえるオプション講座もご用意しています。

セット受講	国語 算数 経験学習 デジタル教材 英語 プログラミング学習
オプション講座	みらい思考力ワーク

Z会員の
98.9*%
が教材の質に満足！
＊2021年度小学生コース
会員アンケートより

3・4・5・6年生

教科書の内容をおさえながら、ひとつ上の知識や応用問題も盛り込んだ学習で、確かな学力と自分で考えて答えを導き出す力を養っていきます。主要4教科や英語に加え、目的に応じた専科講座など、あらゆる学びに対応。お子さまひとりで取り組めるシンプルかつ質の高い教材で、学習習慣も自然に定着します。

本科		国語 算数 理科 社会 英語 5・6年生 デジタル教材 プログラミング学習
専科	3・4年生	英語 思考・表現力
	5・6年生	作文 公立中高一貫校適性検査
	6年生	公立中高一貫校作文

※1教科・1講座からご受講いただけます。

公立中高一貫校対策もできる！
2021年度合格実績（抜粋）

小石川中等教育学校	33名
都立武蔵高等学校附属中学校	33名
都立白鷗高等学校附属中学校	36名
桜修館中等教育学校	47名
三鷹中等教育学校	37名
土浦第一高等学校附属中学校	8名
千葉県立千葉中学校	13名
千葉県立東葛飾中学校	9名
横浜サイエンスフロンティア高等学校附属中学校	16名
相模原中等教育学校	32名
西京高等学校附属中学校	12名

その他の公立中高一貫校にも多数合格！

※Z会員合格者数は、小学6年生時に以下の講座を受講した方の集計です。Z会通信教育・Z会映像授業・Z会プレミアム講座、Z会の教室本科・講習、および提携塾のZ会講座。
※内部進学は除きます。
（2021年7月31日現在判明分）

最新の合格実績は　Z会 合格実績　検索

適な教材・サービスをご用意しています。

小学生タブレットコース

1～6年生

Z会ならではの良問に
タブレットで楽しく取り組める
コースです。

Z会員の **96.6%*** が今後も続けたい！
※2021年度小学生タブレットコース会員アンケートより

自動丸つけ機能や正答率に応じた難度の出し分け機能を活用し、Z会の「本質的で『考える力』を養う学び」を、より取り組みやすい形でお子さまにお届け。デジタルならではの動きを伴った教材で視覚的に学ぶことができ、理解が深まります。「自分でわかった」の積み重ねが自信ややる気を引き出し、自ら学ぶ姿勢を育みます。

1～2年生 セット受講：国語　算数　みらいたんけん学習　英語　プログラミング学習

※小学生タブレットコースの受講には、タブレット端末等のご用意が必要です。

3～6年生 セット受講：国語　算数　理科　社会　英語　プログラミング学習　〔3年〕未来探究学習　〔4-6年〕総合学習

中学受験コース

3～6年生

［トータル指導プラン］

受験直結の教材と指導で
難関中学合格の実力を養います。

難関国私立中学の入試を突破できる力を、ご自宅で養うコースです。お子さまの発達段階を考慮して開発したオリジナルカリキュラムで、効率よく学習を進めていきます。
映像授業による解説授業など、全学年ともタブレットを用いたデジタルならではの機能で、理解と定着を強力サポート。記述力は、従来どおり自分の手で書く積み重ねと、お子さまの理解度に合わせた手厚い添削により、常に最善の答案を練り上げられるように指導します。さらに6年生の後半には、より実戦的な専科もご用意し、合格へ向け万全のバックアップを行います。

※要点学習に特化したプランもあります。

本科　国語　算数　理科　社会
※中学受験コース本科の受講には、タブレット端末等のご用意が必要です。
※1教科からご受講いただけます。

専科　6年生のみ
頻出分野別演習　志望校別予想演習

2021年度合格実績（抜粋）

筑波大学附属駒場中学校	21名
開成中学校	32名
麻布中学校	23名
桜蔭中学校	15名
豊島岡女子学園中学校	25名
渋谷教育学園幕張中学校	40名
聖光学院中学校	16名
フェリス女学院中学校	6名
東海中学校	9名
清風南海中学校	8名
西大和学園中学校	23名
神戸女学院中学部	5名
灘中学校	10名

その他の難関国私立中学にも多数合格！

※Z会員合格者数は、小学6年生時に以下の講座を受講した方の集計です。Z会通信教育・Z会映像授業・Z会プレミアム講座、Z会の教室本科・講習、および提携塾のZ会講座。
※内部進学は除きます。　（2021年7月31日現在判明分）

最新の合格実績は　Z会　合格実績　検索

学年別 おためし教材

無料でさしあげます！

資料をご請求くださった方には、Z会の教材を体験できる
『おためし教材』を無料でお届けします。
Z会の学習効果をどうぞ
おためしください。

- 小学生コース
- 小学生タブレットコース
- 中学受験コース

※お子さまの学年に応じた『おためし教材』をお届けします。

※1年生用・2年生用は「小学生コース」「小学生タブレットコース」の資料を同封します。

※3年生用・4年生用は「小学生コース」「小学生タブレットコース」「中学受験コース」の資料を同封します。

※5年生用・6年生用は学年別、コース別にお届けします。ご請求の際に、「小学生コース・小学生タブレットコース」「中学受験コース」のうちご希望のコースをお選びください。

※小学生コース・小学生タブレットコース5年生の資料には「作文」「公立中高一貫校適性検査」のおためし教材も同封します。

※小学生コース・小学生タブレットコース6年生の資料には「作文」「公立中高一貫校適性検査」「公立中高一貫校作文」のおためし教材も同封します。

※『おためし教材』は、実際の教材よりも回数・ページ数の少ないダイジェスト版です。

※デザイン・仕様は変更する場合があります。

おためし教材をご希望の方は、Z会Webサイトにてご請求ください。

Z会 小学生 検索

https://www.zkai.co.jp/el/

ご受講に関するご相談・お問い合わせは
幼児・小学生コースお客様センターまで

通話料無料 0120-79-8739

受付時間 月曜日～土曜日 午前10：00～午後8：00
（年末年始を除く、祝日も受付）

※Z会の通信教育には、小学生向けのコースのほかに、◎幼児向け（年少・年中・年長）、◎中学生向け、◎高校生・大学受験生向け、◎大学生・社会人向けのコースがあります。

Z-KAI 株式会社Z会 〒411-0033 静岡県三島市文教町 1-9-11 https://www.zkai.co.jp/

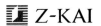

3 はなさんたちは，昔《むかし》と今の道具《どうぐ》について調《しら》べて表《ひょう》にまとめました。表の①～⑤にあてはまる言葉を，①～②は下の□の中から，③～⑤は下の□の中から１つずつえらび，それぞれ書きなさい。（１つ５点）

	昔の道具	今の道具
使《つか》われる道具	おひつ　かまど　（ ① ） 	冷蔵庫《れいぞうこ》（ ③ ）電子レンジ 
道具が作られている材料《ざいりょう》	（ ② ），　土や石 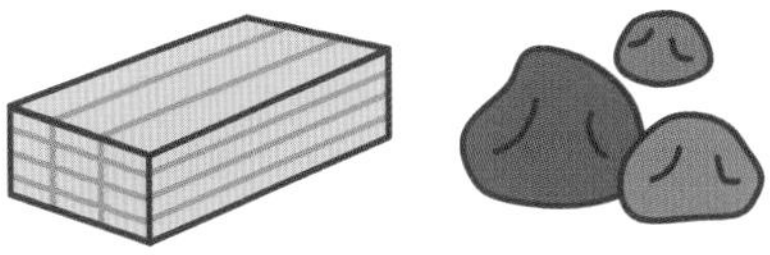	（ ④ ），　金属《きんぞく》
気づいたこと	・木や竹など，自然《しぜん》のものをそのまま利用《りよう》していた。 ・電気やガスはなかった。 ・すべて手作業《てさぎょう》だった。 ・冷蔵庫のかわりにすずしい場所でほぞんしたり，ほぞんができる食《た》べ物《もの》をつくったりした。	・電気やガスなどを利用している。 ・こわれると（ ⑤ ）がしにくい材料で作られている。 ・電気製品《せいひん》が多いので，電気料《りょう》金《きん》がかかる。 ・火を使わずに調理《ちょうり》できる道具もあり，きけんが少ない。

井戸《いど》　自然　手作業　木材《もくざい》

ガスコンロ　修理《しゅうり》　発電《はってん》　プラスチック

① □　② □

③ □　④ □　⑤ □

かくにんテスト

学習日　　月　　日　　得点　　／100点

1　りくさんとはなさんは，市内の農作物《のうさくぶつ》について調《しら》べて，次の４つのしりょうを見つけました。あとの問《と》いに答えなさい。

しりょう１　市内でつくられている農作物

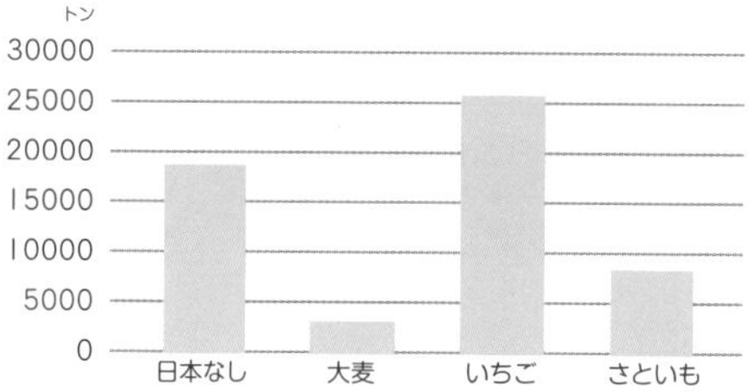

農林水産省「平成29年度産、30年度産作物統計」

しりょう２　いちごづくりカレンダー

3月	～	6月	7月	8月	9月	10月	11月	～	5月
●子苗《こなえ》をふやす ●親株《おやかぶ》を植《う》える		●子苗をとる	●子苗を育てる		●除草《じょそう》する ●かれ葉《は》をとる ●畑《はたけ》に植える	●受粉《じゅふん》する ●花がさく ●ビニールをかける	●しゅうかく始《はじ》め ●肥料《ひりょう》を追加《ついか》する	●肥料を追加する ●害虫対策《がいちゅうたいさく》	●しゅうかく終《お》わり

しりょう３　いちごさいばいの様子《ようす》

しりょう４　いちごさいばいの温室《おんしつ》

はな：**しりょう１**を見ると，わたしたちが住《す》んでいる市でつくられている農作物では，（　①　）が一番多く，その次が（　②　）だということがわかるね。今度《こんど》，このような自分たちの地域《ちいき》でつくられた農作物を，自分たちの地域で食べるイベントがあるんだって。

りく：それは楽しみだね。農家ではたらいている人に話を聞いてみたら，市内で販売《はんばい》して消費《しょうひ》されるほかに，他《ほか》の都道府県《とどうふけん》にも出荷《しゅっか》していると言っていたよ。

はな：**しりょう２**は安定《あんてい》したさいばいのためのいちごづくりカレンダーだね。９月から畑に苗《なえ》を植《う》えていき，11月から５月にかけてしゅうかくするんだね。**しりょう３**のように作業《さぎょう》をしているけれど，温度《おんど》の管理《かんり》とかたいへんだろうな。

りく：そのくふうの１つが**しりょう４**の温室だよ。

1　文中の①と②には**しりょう1**の農作物のいずれかが入ります。それぞれえらび，書きなさい。(1つ5点)

①　　　　②

2　下線部のことを何というか，漢字4字で書きなさい。(10点)

3　**しりょう2**のカレンダーを見てわかることをまとめました。①～③にあてはまる言葉を，次の**ア**～**オ**の中から1つずつえらび，記号を書きなさい。(1つ4点)

・いちごは3月に親株《おやかぶ》を植えたあと，6月にかけてふやしました。7月になると（　①　）をポットなどに植えて育《そだ》て，9月から畑に植え始《はじ》めます。その間にかれ葉《は》をとったり，（　②　）をしたりします。10月になると花がさき始めるので，（　③　）をします。そして11月からしゅうかくを始めます。

ア　親株　**イ**　受粉《じゅふん》　**ウ**　害虫《がいちゅう》　**エ**　除草《じょそう》　**オ**　子苗《こなえ》

①　　　　②　　　　③

4　**しりょう2**と**しりょう3**を参考《さんこう》にして，おいしいいちごをつくるために農家の人がしているくふうとして正しいものには○を，まちがっているものには×をそれぞれ書きなさい。(1つ4点)

ア　害虫がつかないように，害虫対策《たいさく》に力を入れている。
イ　害虫がつかないように，肥料《ひりょう》は追加しないようにしている。
ウ　きずがつかないように，人の手でしゅうかくしている。

ア　　　　**イ**　　　　**ウ**

5　**しりょう4**のようなしせつの名をカタカナ7字で書きなさい。(6点)

2 りくさんは，市内でつくられているいちごがお菓子《かし》にも利用《りよう》されていることを知り，お菓子工場へ見学に行きました。次《つぎ》の問《と》いに答えなさい。

1 次の**ア**～**カ**の図はいちごのお菓子をつくっている様子《ようす》です。これをお菓子がつくられる順番《じゅんばん》にならべかえたとき，５番目にくるものをえらび，記号《きごう》を書きなさい。（10点）

ア

クッキーを重《かさ》ねる

イ

いちごをすりつぶし，
ジャムにする

ウ

商品《しょうひん》を箱《はこ》につめる

エ

クッキーにジャムと
クリームを乗《の》せる

オ

生地をこねる

カ

生地を成形《せいけい》する

2 右の**しりょう**はお菓子のふくろのうらにある食品表示表《しょくひんひょうじひょう》です。これを見て，小麦粉《こむぎこ》の生産地《せいさんち》を書きなさい。（10点）

しりょう

品　名	いちごのジャムクッキー
原材料名《げんざいりょうめい》	バター（北海道《ほっかいどう》），小麦粉（福《ふく》岡県《おかけん》），さとう（沖縄），いちご（栃木県《とちぎけん》），アーモンド（アメリカ），ホワイトチョコレート・・・

3 りくさんは工場ではたらく人たちを見ていて，あるくふうに気がつきました。上の図にもあるそのくふうを，次の**ア**～**エ**の中から１つえらび，記号を書きなさい。（5点）

ア　荷物《にもつ》をすぐに運《はこ》べるように，全員《ぜんいん》が自動車《じどうしゃ》のめんきょを持《も》っている。
イ　服《ふく》についたよごれをかくにんしやすいように，白い服を着《き》ている。
ウ　食品が地面《じめん》に落《お》ちても再利用《さいりよう》できるように，シートがしかれている。
エ　工場の電気代《でんきだい》を安《やす》くするため，エアコンをつけない。

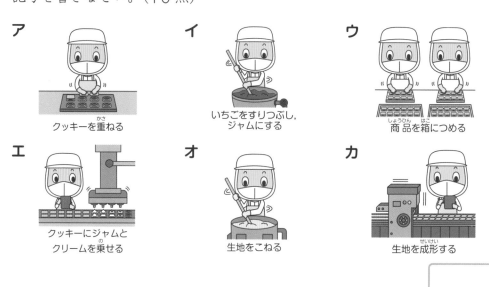

3 はなさんは，工場でつくられたお菓子が売られているスーパーマーケットについて調《しら》べました。次の問いに答えなさい。

1　スーパーマーケットの仕事《しごと》について，次の文の①～③にあてはまる言葉を，下の**ア～キ**の中から｜つずつえらび，記号を書きなさい。(｜つ5点)

・商品《しょうひん》をならべる人…お客《きゃく》さんに見えやすいように（　①　）に向《む》けてならべる。
・レジ係の人…お客さんが買った商品のねだんをつたえる。（　②　）をまちがえない。
・仕入《しい》れの仕事をする人…（　③　）でお店にとどいた商品を，店内に運《はこ》ぶ。

ア 反対《はんたい》　**イ** 正面《しょうめん》　**ウ** 飛行機《ひこうき》　**エ** トラック　**オ** 新幹線《しんかんせん》
カ 左右　**キ** おつり

①　②　③

2　**しりょう｜**は商品のねふだです。このねふだからわかることとして正しいものを，次の**ア～エ**の中から｜つえらび，記号を書きなさい。(5点)

しりょう｜

○×株式会社《かぶしきがいしゃ》
いちごのジャムクッキー
本体価格《かかく》 350円 (税込《ぜいこみ》 385円)
販売日《はんばいび》 8月15日　賞味期限《しょうみきげん》 8月20日

ア　つくった会社の社長の名前は書いてあるが，会社名は書いていない。
イ　この商品を買うときは350円をレジの人にしはらえばよい。
ウ　このねふだを見ると商品名とねだんがわかる。
エ　賞味期限《しょうみきげん》は販売日《はんばいび》から7日後である。

3　**しりょう2**はお店で配《くば》られているチラシです。チラシを見て，どのようなくふうがされているか，考えたことを書きましょう。(5点)

しりょう2

社会

3 かくにんテスト

学習日　　月　　日　得点　　／100点

1 けいすけさんは消防《しょうぼう》しょに見学に来ました。あとの問《と》いに答えなさい。

しりょう１　火事《かじ》のれんらくを受《う》けたときの消防しょの対応《たいおう》

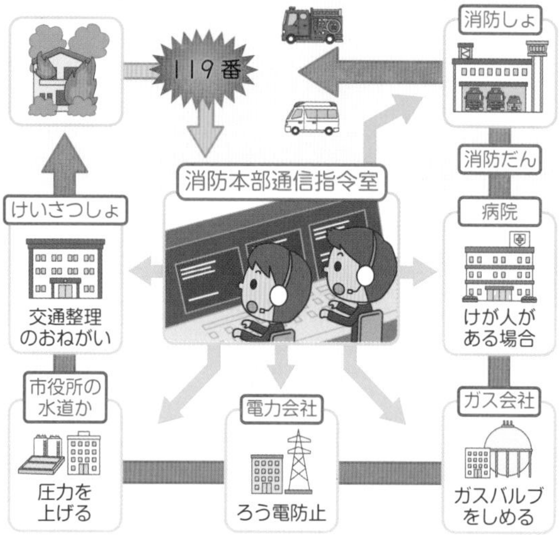

しりょう２　消防士《しょうぼうし》のある日のスケジュール

8:30	出勤《しゅっきん》・引きつぎ
9:00	車両点検《しゃりょうてんけん》
9:30	防火指どう
12:00	昼食
13:00	訓練《くんれん》
17:30	夕食
18:30	事務作業《じむさぎょう》・勉強会《べんきょうかい》
20:30	自主トレーニング
22:00	通信《つうしん》きんむ・すいみん
7:30	車両点検
8:30	引きつぎ・退勤《たいきん》

１　けいすけさんは消防しょの人に，消防しょ内の動きについて話を聞きました。文中の①～④にあてはまる言葉を，**しりょう１**の中からさがし，それぞれ書きなさい。（１つ５点）

火事を見つけた人からの（　①　）番のれんらくは，まず消防本部《ほんぶ》の（　②　）につながります。そこで，現場《げんば》に一番近い（　③　）から消防自動車《しょうぼうじどうしゃ》や救急車《きゅうきゅうしゃ》を出動させます。けがをした人がいるとわかれば（　④　）へれんらくし，受《う》け入《い》れをおねがいします。

また，ひがいが広がるのをふせぐためにガス会社や電力会社など，関係《かんけい》するところにもれんらくをします。とくに大きな火事のときには，消防だんの人たちにもおうえんをたのんで，みんなで力を合わせて消火するようにしています。

①

②

③

④

2 けいすけさんは消防だんについても話を聞き，取《と》り組《く》みについて**メモ**にまとめました。下の**ア**～**エ**のうち，まちがっているものを１つえらび，記号を書きなさい。(5点)

〈メモ〉

消防だんは，**ア**地域《ちいき》の人たちが集《あつ》まった組織《そしき》で，火事などが起《お》きたときに消防しょと協力《きょうりょく》します。**イ**小学生でもさんかできる子ども用消防だんもあります。**ウ**毎日かならず消防だんとしての訓練《くんれん》に取り組み，そのせいかをきそい合う大会にさんかしたり，**エ**町の人たち向《む》けに防災訓練を開《ひら》いたりしています。

[　　　]

3 けいすけさんは，消防士の１日の動きについても**メモ**にまとめました。①～④にあてはまる言葉を，**しりょう２**を参考《さんこう》にして書きなさい。

(１つ５点)

〈メモ〉

消防士はいつ火事が起きてもすぐに対応《たいおう》できるように，当番の日は（　①　）時間はたらきます。ただ，夜中は（　②　）を交代《こうたい》で行いながら，短《みじか》いすいみんをとります。日中は訓練《くんれん》と点検《てんけん》，事務《じむ》作業が中心で，自分たちが使《つか》う車両《しゃりょう》の点検は１日に（　③　）回行うようにしています。また，工場や学校などに出向いて，防火《ぼうか》の方法《ほうほう》をつたえる（　④　）を行うこともあります。

①[　　　]　②[　　　]

③[　　　]　④[　　　]

2 けいさつしょの仕事《しごと》について次の問いに答えなさい。

1　けいさつしょの仕事の１つに，交通安全《あんぜん》の仕事があります。**しりょう１**から読《よ》み取《と》れることを説明《せつめい》した下の文の①，②にあてはまる語句《ごく》や数字を書きなさい。また，③，④にあてはまる言葉を，右の写真《しゃしん》から考えて書きなさい。（①～③５点，④10点）

しりょう１　自転車関連事故における死者数および対歩行者数

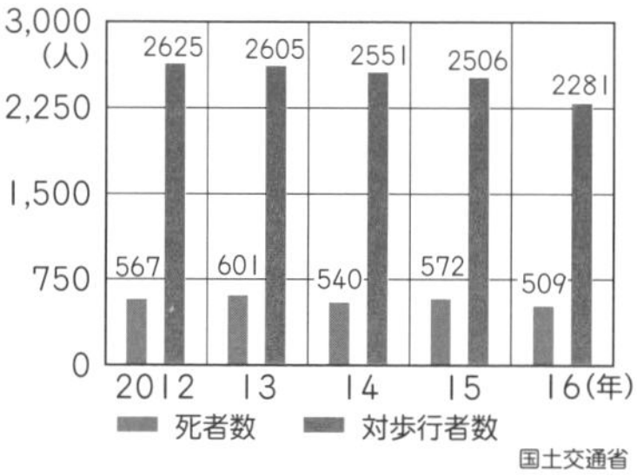

> 自転車関連《じてんしゃかんれん》の死者《ししゃ》数は，2012年から2016年で大きな増減《ぞうげん》がないが，歩行者との事故件数《じこけんすう》は年々（　①　）いて，（　②　）年には2500人より少なくなった。また，写真のような（　③　）道路《どうろ》をつくることで，（　④　）ことができている。

①［　　　　］　②［　　　　］　③［　　　　］

④［　　　　　　　　　　　　　　　　］

2　けいさつしょの仕事の１つに，事件《じけん》や事故《じこ》が発生《はっせい》したときのけいさつかんの出動《しゅつどう》があります。次の**ア～ウ**の図は110番の通報《つうほう》がきたときに行われることを表《あらわ》しています。このときの対応《たいおう》について，順番《じゅんばん》にならべかえなさい。（10点）

ア　けいさつしょで指《し》令《れい》を受ける

イ　指令室で110番の通報《つうほう》を受ける

ウ　現場《げんば》に急行《きゅうこう》する

［　　　→　　　→　　　］

3　けいさつしょの仕事の１つに，地域《ちいき》の安全を守《まも》る仕事があります。**しりょう２**は安全マップといい，小学校や中学校のまわりではんざいが起《お》こりやすい場所《ばしょ》や安全な場所を表した地図です。**しりょう２**から読み取れることとして正しいものには○を，まちがっているものには×を書きなさい。（１つ５点）

しりょう２

ア　新中央駅《しんちゅうおうえき》のまわりは明るい場所が多く，危険《きけん》な場所は少ない。
イ　地図上にはあやしい人に注意《ちゅうい》が必要《ひつよう》な場所が３か所ある。
ウ　子ども110番の家は神社《じんじゃ》のまわりに集中《しゅうちゅう》している。
エ　ゆうびん局《きょく》とけいさつしょの近くは車に注意が必要な場所がある。

ア　　**イ**　　**ウ**　　**エ**

ぼくがぼそりというと、

「そ、そうだな」

本馬君もうなずいた。

「絵だよ！」

久田さんがバン！　と足をふみ鳴らして、③顔を真っ赤にしてぼくをにらんだ。

「なんで絵にあやまんなきゃいけないの!?」

え、ぼく？　ぼくにおこってんの？　なんで？

「バカ！」

久田さんはぼくをつきとばして、ろうかへとびだしていった。

「久ちゃーん」

仙道さんと西園さんと、本馬君までもが久田さんを追《お》いかけていった。

い、いたい……。

おしりをしこたまゆかに打《う》ちつけたぼくに、「ん」と、真中さんが手をのばした。

立ちあがっておしりに手をあてていると、真中さんがすっと目を細くした。

「おおげさ。そんなんだからチキンっていわれるんだよ」

おいっ……。っていうか、チキンなんていってるのは真中さんだけなんですけど。

「あたし、ひきょうな子って大きらい。かげで悪口いうのってゆるせないんだ」

る様子。

エ　まわりのみんなと同じようにおこっている様子。

(3)　――③とありますが、久田《ひさだ》さんはどんな気持ちですか。文章中の言葉《ことば》を使《つか》って書きなさい。（15点）

(4)　――④とありますが、真中《まなか》さんはどのような考え方をしているのですか。次の中から一つえらび、記号を○でかこみなさい。（15点）

ア　相手《あいて》がだれであっても、いつもまっすぐに正面《しょうめん》から向《む》き合《あ》いたい。

イ　悪口《わるくち》はよくないことだから、どんな相手にでもいいたくはない。

ウ　気づかれないことをいいことに悪口をいって、みんなにひきょうだと思われたくない。

エ　すきな絵のことで、つまらないじょうだんをいわれたくない。

4　次《つぎ》の文章《ぶんしょう》を読んで、あとの問《と》いに答えなさい。

話によると……。

音楽室について楽器《がっき》おき場なんかを案内《あんない》しているときに、久田《ひさだ》さんが「このおじさんのかみマジキモーイ。っていうか、このあごやばいしー」とかなんとか、ふざけていったらしい。そうしたらとつぜん、真中《まなか》さんがおこりだしたんだって。

「人の外見をアレコレいうな！」

って。①さいしょはみんなじょうだんでいっているんだって思ったけど、真中さんは大まじめだった、らしい。

そりゃあ悪口《わるくち》をいうのはよくないことだよ。でも相手《あいて》は絵じゃん。ぼくは久田さんに同情《どうじょう》した。それにさ、会ったこともなくて、もうこの世《よ》にいない人の悪口をいうより、同級生《どうきゅうせい》のぼくをチキンなんていったことのほうがよっぽど失礼《しつれい》なんじゃないか？

こういうときにこそ本馬君《ほんまくん》の軽《かる》いノリがひつようなのに、本馬君もリアクションにこまっている。ぼくはそっとみんなの顔を見まわした。

まず、真中さんはバリバリおこっている。仙道《せんどう》さんもムスッとしているし、②西園《にしぞの》さんと本馬君は目が泳《およ》いでる。で、久田さんは顔を赤くして口をつきだしてる。

こういうとき、とりあえず場を丸くおさめる手っとり早い方法《ほうほう》は、いかり心頭の真中さんをしずめることだ。

「あやまっちゃえば？　バッハに」

「絵、でも……？」

「④気持ちの問題《もんだい》。相手がいいかえせないってわかっていうのは、ひきょうだと思う。それがたとえしょうぞう画でもね」

真中さんはそういって音楽室を出ていった。

いとうみく『チキン！』(文研出版刊)

(1)　――①とありますが、「みんな」は何を「じょうだん」だと思ったのですか。　(10点)

(2)　――②とありますが、ここから二人のどのような様子《ようす》がわかりますか。次《つぎ》の中から一つえらび、記号《きごう》を○でかこみなさい。　(10点)

ア　どうすればいいかわからなくてこまっている様子。

イ　自分たちは関係《かんけい》ないので気にしていない様子。

ウ　どのように対応《たいおう》するか二人でしめし合わせてい

(5) 花の□□《きゅうこん》を育《そだ》てる。

(6) 車が□□《おうてん》する。

(7) こしを□《ま》げる。

(8) 伊豆《いず》□□《はんとう》に旅行《りょこう》に行く。

(9) 鼻血が出る。（　　　）

(10) 病気が完治《かんち》する。（　　　）

3 次の文章《ぶんしょう》の(1)～(5)の（　）の中から、よりふさわしいほうの言葉をえらび、○でかこみなさい。（一つ3点）

今日は学校の行事《ぎょうじ》で、伝統工芸品《でんとうこうげいひん》を作っている方の仕事場《しごとば》に（(1) 行った・うかがった）。「ゆっくり（(2) はいけんして・ごらんになって）くださいね」と言ってくださったので、落《お》ち着《つ》いて見ることができた。工芸品の原料《げんりょう》で、制作《せいさく》のとき不要《ふよう》になるものがあると聞いたので、記念《きねん》に（(3) いただいた・さしあげた）。来月、美術《びじゅつ》館《かん》で作品展《さくひんてん》を（(4) いたす・なさる）そうなので、ぜひ見に行こうと思う。

学校にもどってから、先生が今日のできごとを作文にしましょうと（(5) 申《もう》し上げた・おっしゃった）。

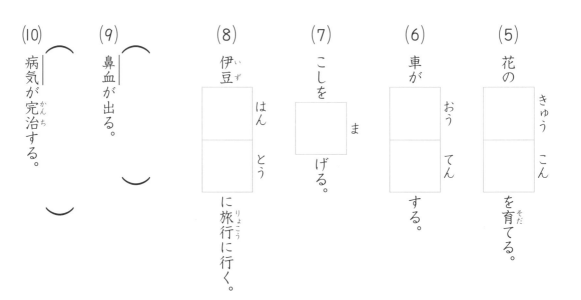

国語 5 かくにんテスト

学習日　月　日

得点　／100点

1 □には漢字《かんじ》を書きなさい。また、（　）には——を引いた漢字の読みがなを書きなさい。（一つ2点）

(1) 下の階《かい》の□《じゅう》□《にん》。

(2) □《だい》□《きん》をはらう。

(3) 休日□《へん》□《じょう》で勉強《べんきょう》する。

(4) トレーニングで□《ふ》□《か》をかける。

2 次《つぎ》の文の——の言葉《ことば》づかいが正しければ○を、まちがっていれば正しい言葉を□に書きなさい。（一つ5点）

(1) わたしは先生に旅行のおみやげを<u>あげた</u>。　□

(2) ぼくは仲《なか》のよい友だちに、クイズの答えを<u>教えた</u>。　□

(3) 家に父のお客様《きゃくさま》が<u>来ました</u>。　□

6 いっぽう、国際《こくさい》うちゅうステーションのなかは空気がみたされているうえに、まどがないので、いろいろなにおいがこもるようです。たとえば、ロシアの実験《じっけん》とうは野菜《やさい》、とくに玉ねぎのにおいがするそうですが、これはロシアのうちゅう食に野菜のにこみ料理《りょうり》が多いからかもしれません。

7 うちゅう飛行士がうちゅうにいって、もっともやりたがるのはなんだと思いますか。それはうちゅう遊泳(船外活動《かつどう》)です。うちゅう船の外に出て、うちゅうのなかにぽっかりうかぶのは、どんなにすばらしい体験《たいけん》でしょうね。

8 うちゅう遊泳をするとき、うちゅう飛行士はかならずうちゅう服を着てうちゅうに出ます。うちゅう服は「②ひとり乗《の》りのハイテクうちゅう船」といわれるほどで、こきゅうをするためのさんそもつんでいるし、うちゅう服のなかの温度を一定《いってい》にたもつためのさまざまなそうちもあります。また、うちゅう船と交信《こうしん》できる通信そうちやライト、カメラもついています。

9 一回のうちゅう遊泳は六〜七時間つづけておこないます。その間、食事《しょくじ》はしませんが、のどがかわくので飲《の》み水はつんでいます。トイレはどうするのか気になりますよね。うちゅうにトイレはないのでうちゅう服の下におむつをつけています。

10 うちゅう服を着《き》て、いよいようちゅう空間に出る前

A　**ア** だから　**イ** たとえば　**ウ** また　**エ** つまり

B　**ア** ところが　**イ** さて　**ウ** そのうえ　**エ** したがって

(3) ——②とありますが、なぜそのように言われるのですか。(10点)

(4) この文章《ぶんしょう》を意味《いみ》のうえでまとまりに分けるとき、分け方としてあうものを次の中から一つえらび、記号を○でかこみなさい。(15点)

ア 1 2 / 3 4 5 / 6 / 7 8 9 10

イ 1 2 3 / 4 / 5 6 / 7 8 9 10

ウ 1 2 3 / 4 5 / 6 7 / 8 9 10

エ 1 2 / 3 4 5 6 / 7 8 / 9 10

4 次《つぎ》の文章《ぶんしょう》を読んで、あとの問《と》いに答えなさい。（1〜10は段落番号《だんらくばんごう》を表《あらわ》します。）

1 うちゅうでは、太陽《たいよう》の光がさす日なたと光がささない日かげで、その温度《おんど》が大きくちがいます。日なたは百度《ひゃくど》以上《いじょう》、日かげはマイナス百度以下。つまり二百度以上もちがいがあるのです。

2 ①このようなきびしいかんきょうでもだいじょうぶなように、うちゅう飛行士《ひこうし》はうちゅう服《ふく》を着《き》ます。日なたで作業《さぎょう》をするときには暑《あつ》くなりすぎないように、うちゅう服のなかに着ているとくべつな下着《したぎ》のなかに、れいきゃく用の水をまわして体をひやします。ヘルメットには日よけのサンバイザーを下ろします。

3 日かげに入ると今度《こんど》は寒《さむ》くなりすぎないように、手ぶくろのなかのヒーターをつけたり、くらやみのなかで手元をてらすライトをつけたりします。

4 [A]、うちゅうには空気がないため、音が伝《つた》わりません。うちゅう空間は音もなく、生《い》き物《もの》の気配《けはい》もない、とてもしずかな世界《せかい》だそうです。

5 さらに空気がないから、においもしないはずです。[B]、うちゅう遊泳《ゆうえい》から帰ってきたうちゅう飛行士たちのうちゅう服から、あるとくべつなにおいがするそうです。それは、やけた金属《きんぞく》やラズベリーのにおいなのだそうです。ふしぎですね。

に、うちゅう飛行士はねん入りにうちゅう服にあながあいていないかを調《しら》べます。たとえ小さなあなでもあいていたら、空気がもれて、ちっそくしてしまうからです。

的川泰宣《まとがわやすのり》監修『なぜ？　どうして？　宇宙と地球　ふしぎの話』（池田書店刊）

(1) ——①とありますが、どのようなかんきょうですか。次《つぎ》の文の□にあてはまる言葉《ことば》を書きなさい。（一つ5点）

[1]の光がさす日なたと光がささない[2]で、二百度《にひゃくど》以上《いじょう》もの[3]のちがいが生まれるうちゅうのかんきょう。

1

2

3

(2) [A]・[B]にあてはまる言葉を次の中からそれぞれ一つずつえらび、記号《きごう》を○でかこみなさい。（一つ5点）

(5) □□《しんりょく》にかこまれた山道。

(6) 本の□□《かんそう》を話す。

(7) かき□《ごおり》を食べる。

(8) 合図で作業《さぎょう》を□□《かいし》する。

(9) 事実だけをつたえる。（　　　）

(10) 上着をぬぐ。（　　　）

3 次の**ア・イ**の文の——の熟語《じゅくご》は、漢字は同じですが、二通りの読み方をします。それぞれの文にあう読み方をひらがなで書きなさい。(両方できて5点)

(1)
ア 人気のない道を歩くのはこわい。［　　］
イ 小学生に人気のマンガを読む。［　　］

(2)
ア 生物なので早めに食べてください。［　　］
イ 海の生物について調《しら》べる。［　　］

(3)
ア あの人は書道の大家だ。［　　］
イ アパートの大家さんと話す。［　　］

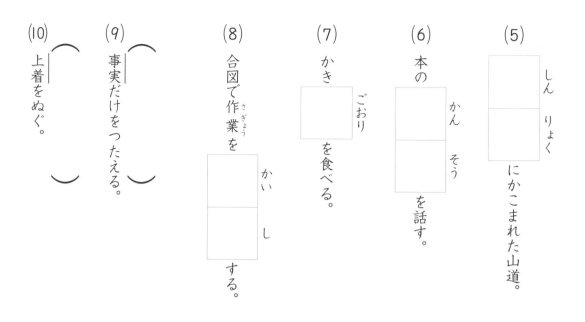

国語

4 かくにんテスト

学習日　月　日

得点　／100点

1

□には漢《かん》字《じ》を書きなさい。また、（　）には――を引いた漢字の読みがなを書きなさい。（一つ2点）

(1) 雨雲が□《さ》る。

(2) □《た》□《はた》をたがやす。

(3) □《と》□《かい》の生活を楽しむ。

(4) 朝早く□《お》きる。

2

次《つぎ》の(1)〜(5)の部《ぶ》首《しゅ》名《めい》を下からえらび、・を線でつなぎなさい。（一つ3点）

(1) ⺳ ・

(2) 礻 ・

(3) 衤 ・

(4) 囗 ・

(5) 广 ・

・くにがまえ

・まだれ

・しめすへん

・あなかんむり

・ころもへん

りんろろん
宇宙《うちゅう》が響《ひび》く
りんろろん
りんろろん

高橋忠治『りんろろん』(かど創房刊)

(1) 詩の1〜4行目に使《つか》われている表現方法《ひょうげんほうほう》を次の中から一つえらび、記号《きごう》を○でかこみなさい。(10点)

ア とうち法《ほう》
イ しょうりゃく法
ウ 体言止《たいげんど》め
エ 対句《ついく》法

(4) きょうすけさんとさやかさんが、この詩を読んだ感想《かんそう》について話しています。①〜⑤にあてはまる言葉を、詩の中からさがして書きなさい。(一つ4点)

きょうすけ ①という言葉を重《かさ》ねていくのが、どんどん小さくなっていく様子がうかがえたようで、おもしろいと思いました。

さやか わたしは、詩に出てくるものの大きさの対《たい》比《ひ》が、心にのこりました。てのひらの②と、空を見上げたときに見える③、地球《ちきゅう》の中の④のような「ぼく」と⑤をくらべることで、それぞれの小ささや大きさがきわだっていると思います。

①
②
③
④
⑤

4 次《つぎ》の詩《し》を読んで、あとの問《と》いに答えなさい。

りんろろん

高橋忠治《たかはしちゅうじ》

しいの実《み》を
てのひらに
空をあおげば
あふれくる銀河《ぎんが》

耳をすませば
りんろろん
りんろろん
天の心《しん》から
りんろろん

地球《ちきゅう》の中のけしつぶの
そのまたつぶのつぶつぶの
つぶつぶつぶのこのぼくの
小さな胸《むね》に

(2) 「りんろろん」のくり返《かえ》しによって、どのようなこうかがありますか。次《つぎ》の中から一つえらび、記号を〇でかこみなさい。（10点）

ア 何度《なんど》も同じ言葉《ことば》がくり返されて、実際《じっさい》の様子《ようす》がそうぞうしやすくなる。

イ 同じ音がくり返されることで、心地よいリズムが生まれる。

ウ ふしぎな音のくり返しで、読む人に不安《ふあん》を感《かん》じさせる。

(3) この詩の主題《しゅだい》としてあてはまるものを、次の中から一つえらび、記号を〇でかこみなさい。（10点）

ア ちっぽけな「ぼく」が、大きな宇宙《うちゅう》を感じていることへの感動《かんどう》。

イ 広大な宇宙《うちゅう》のなかで、ぼくがちっぽけなそんざいであることへのさみしさ。

ウ 広がりつづけている宇宙《うちゅう》で、ぼくが自由《じゆう》でいられることへのよろこび。

(5) □《めん》□《かい》に行く。

(6) □《ひら》□《およ》ぎをおぼえる。

(7) 事件《じけん》が□《はっ》□《せい》する。

(8) 毎朝□《とう》□《こう》する。

(9) 半丁のとうふを買う。（　　）

(10) 対話を重《かさ》ねる。（　　）

3 次の文の——の言葉の対義語《たいぎご》を書きなさい。（一つ5点）

(1) 試合《しあい》に勝《か》つ。

(2) 小学校を卒業《そつぎょう》する。

(3) 暑《あつ》い日がつづく。

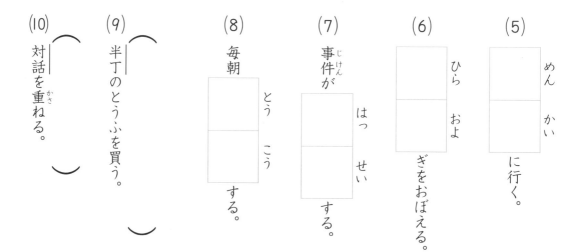

国語

3 かくにんテスト

学習日　月　日

得点　／100点

1 □には漢字《かんじ》を書きなさい。また、（　）には——を引いた漢字の読みがなを書きなさい。（一つ2点）

(1) □《りょう》□《しん》に感謝《かんしゃ》する。

(2) あたりが□《くら》くなる。

(3) □《のう》□《ぎょう》をいとなむ。

(4) はかせと□《じょ》□《しゅ》。

2 次《つぎ》の文の——の言葉《ことば》を、文の意味《いみ》がかわらないように言いかえるとき、ふさわしいものを**ア**～**ウ**の中から一つずつえらび、記号《きごう》を○でかこみなさい。（一つ5点）

(1) カレーを三ばいもたいらげる。

ア つくる　**イ** たべる　**ウ** たのむ

(2) 練習《れんしゅう》を重ねて進歩《しんぽ》する。

ア 向上《こうじょう》　**イ** 意見《いけん》　**ウ** 計画

(3) 明日は晴れるかどうか心配《しんぱい》だ。

ア 中止　**イ** 雨天　**ウ** 不安《ふあん》

思うと、①今さらながらにはずかしく、くやしい。

　蓮人のくちびるがふるえた。からだがもえるようにあつくなった。

「広瀬くんもなんとか言えば？」

　美里がふり返《かえ》った。

　正義感《せいぎかん》にあふれる顔とは、こういう顔のことをいうのかもしれない。まよいのない、ほこらしげな表情《ひょうじょう》をしている。

　その顔を見たとたん、もえたぎるような蓮人のねつは、すうっとさめていった。

「いいよ、べつに。②こんないなかのやつらとあそぶなんて、こっちからおことわりだし」

　教室がしんとなった。

　言ってすっきりした。こんなところ、来たくて来たわけじゃない。あおいのためにしかたなく来てやったのだ。自分からなじむひつようなんてない。

　はとが豆鉄砲《まめでっぽう》をくらったような、とはこのことだろうか。③美里はぽかんとした顔をしている。まわりの女子たちも目をぱちくりさせている。

「いなかのやつらとあそぶなんて、おことわりなんやと。そんなら、いいんやねぇの？」

　玄太は美里にそう言いはなち、教室を出ていった。男子たちもおずおずとそれにつづく。

　蓮人の目の前で、④美里のかたがふるえている。われ

(3) ——③から——④までで、美里《みさと》の気持ちはどのように変化《へんか》していますか。次の中から一つえらび、記号を○でかこみなさい。（10点）

ア 弱い者《もの》を助《たす》けられてうれしい気持ちから、悲《かな》しい気持ちに変化している。

イ くやしい気持ちから、蓮人をゆるせない気持ちに変化している。

ウ おどろく気持ちから、ショックだという気持ちに変化している。

(4) ——⑤とありますが、どういうことを「ひどい」と言っているのですか。それを説明《せつめい》した次の文の□にあうように言葉を書きなさい。（15点）

美里が、よかれと思って、蓮人を仲間《なかま》に入れるように男子に言ったのに、＿＿＿＿＿＿＿。

5 次《つぎ》の文章《ぶんしょう》を読んで、あとの問《と》いに答えなさい。

（弟のあおいのぜんそくをよくするために、一家でいなかに引っこしてきた広瀬《ひろせ》蓮人《れんと》は、転校先《てんこうさき》の学校でクラスの男の子たちとなじめずにいます。）

「ちょっと待《ま》ちなさいよ！」

蓮人《れんと》のお母さんによくにたキンキンとした声が、教室にこだました。

蓮人の前のせきで、美里《みさと》がこしに手をあてて立っている。

「玄太《げんた》くん、いいかげんにしなよ。広瀬《ひろせ》くんがなにをしたっていうの？　始業式《しぎょうしき》からもう二週間近くたつのよ。なのに、広瀬くんだけ仲間《なかま》はずれにするみたいにドッジボールにさそってあげないで」

まわりにいた女子たちが、そうだそうだと言うようにうなずいている。男子たちは気まずそうに目をふせている。

いっぴきおおかみでいい。

そう思っていた。

そして実際《じっさい》、そうしてきた。

なのに……。

（なんでおれ、女子に同情《どうじょう》されてるんだよ！）

はた目から見てわかるほどに、さみしそうだったのか。かわいそうだったのか。そんな空気を出していたのかと

に返った女子たちがわっと集《あつ》まり、美里のかたをだきながらろうかへと出ていく。

女子のひとりがつぶやいた。

「⑤広瀬くん、ひどい」

（ひどくてけっこう）

蓮人は鼻《はな》から大きく息《いき》をはいた。

槿《むくげ》なほ『ガラスのベーゴマ』（朝日学生新聞社刊）

(1) ——①とありますが、どんなことがはずかしく、くやしいのですか。「同情《どうじょう》」という言葉《ことば》を使《つか》って書きなさい。（15点）

(2) ——②とありますが、この発言《はつげん》から、蓮人《れんと》はどのようなせいかくだとわかりますか。次《つぎ》の中から一つえらび、記号《きごう》を○でかこみなさい。（10点）

ア 気が弱くてはずかしがりなせいかく。

イ じょうだんのすきな明るいせいかく。

ウ プライドが高くて気が強いせいかく。

(5) □□《じんじゃ》におまいりをする。

(6) かれは□□《ちょうしん》で、チームの中心人物《じんぶつ》だ。

(7) □《あ》き□《ばこ》をつぶす。

(8) □□《しゅくだい》をすませる。

(9) 商業がさかんになる。（　　　）

(10) 風景《ふうけい》を写生する。（　　　）

3 次の熟語が「反対や対の意味の漢字を組み合わせたもの」になるように、□にあう漢字を書きなさい。（一つ2点）

(1) 和□

(2) □弱

(3) □昔

(4) □死

(5) □短

4 次の熟語について、組み立てのしゅるいが他《ほか》とはちがうものを一つずつえらび、記号を○でかこみなさい。（一つ5点）

(1) **ア** 勝負《しょうぶ》　**イ** 広大　**ウ** 軽重《けいちょう》

(2) **ア** 高校生　**イ** 科学者《かがくしゃ》　**ウ** 食生活

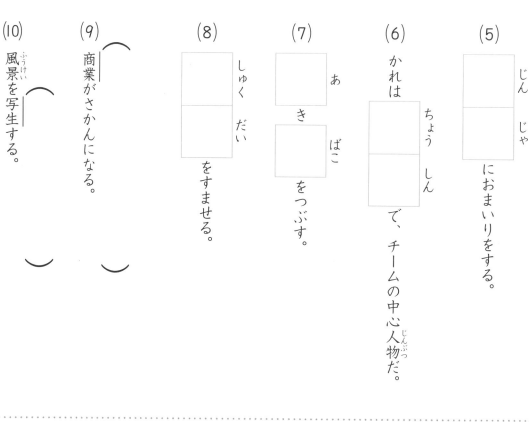

国語

2 かくにんテスト

学習日　　月　　日

得点　　／100点

1 □には漢字《かんじ》を書きなさい。また、（　）には――を引いた漢字の読みがなを書きなさい。（一つ2点）

(1) □□《ばんぜん》のじゅんびをする。

(2) 練習《れんしゅう》を重《かさ》ねて□□《じつりょく》をつける。

(3) 外国船の□□《にゅうこう》を禁止《きんし》する。

(4) 品物《しなもの》を□□《しい》れる。

2 次《つぎ》の熟語《じゅくご》の組み立てとしてあうものを、あとの**ア**〜**オ**の中から一つずつえらび、□に記号《きごう》を書きなさい。（一つ2点）

(1) 読書 □

(2) 学習 □

(3) 白紙 □

(4) 遠近 □

(5) 年少 □

ア 反対《はんたい》や対《つい》の意味《いみ》の漢字を組み合わせたもの

イ にた意味の漢字を組み合わせたもの

ウ 上の漢字が下の漢字をくわしくしているもの

エ 「〜を」「〜に」という形で、下の漢字から上の漢字にかえって読むと意味が通じるもの

オ 上の漢字と下の漢字が主語《しゅご》・述語《じゅつご》の関係《かんけい》になっているもの

本のヤマカガシも出血どくをもっています。（中略《ちゅうりゃく》）

7 ヘビ以外《いがい》にもどくをもった生き物はいます。さしみなどで食べる、魚のフグには、神経どくがあります。フグは泳《およ》ぎが苦手《にがて》ですが、体内のどくが、てきから身《み》を守《まも》るのに役立《やくだ》っています。人間がフグを食べることができるのは、どくがためられているところを取《と》り去《さ》っているからです。

8 クラゲ、エイなどのどくは、「たんぱくどく」といいます。からだをつくる「細《さい》ぼう」がこわされるので、強いいたみにおそわれます。海でクラゲにさされると、大《たい》変《へん》いたいのはこのためです。ただ、このどくが原《げん》いんで死ぬことはめったにありません。

9 スズメバチのどくは、いろいろなどくがまじり合っていて、とてもきけんです。

10 実《じつ》は、どくをもった生き物の中で、毎年日本人の命《いのち》をいちばん多くうばっています。とくにスズメバチに二《に》度目《どめ》にさされた人が、アレルギーでショック死する事故《じこ》が多く起《お》こっています。

11 生き物がもつどくは、自分を守るためのものです。すみかをあらしたり、むやみに近よらないよう、わたしたちは、生き物の生活の仕方《しかた》を、きちんと知ることが大切ですね。

大山光晴《おおやまみつはる》総合監修『なぜ？　どうして？　科学のお話　3年生』(学研プラス刊)

ウミヘビ　エイ　ガラガラヘビ　キングコブラ
クラゲ　フグ　ヤマカガシ　ハブ　マムシ

(2) ――とありますが、スズメバチにさされると、なぜきけんなのですか。「二度」という言葉を使《つか》って書きなさい。（10点）

(3) この文章の内容《ないよう》とあうものを、次の中から一つえらび、記号《きごう》を○でかこみなさい。（10点）

ア どくをもつ生き物はすぐにおそってくるので、注意《ちゅうい》がひつようである。

イ 生き物がどくをもつのは、自分をまわりの生き物から守るためである。

ウ 人が死《し》ぬこともあるので、どくをもつ生き物は、ころさなければならない。

4 次《つぎ》の文章《ぶんしょう》を読んで、あとの問《と》いに答えなさい。
（1～11は段落番号《だんらくばんごう》を表《あらわ》します。）

1 どくをもった生《い》き物《もの》というと、何を思いうかべますか。

2 まずはどくへビを思いうかべる人が多いのではないでしょうか。ヘビは、世界《せかい》にやく三千しゅるいいますが、そのうちどくをもつのはおよそ八百しゅるいです。

3 どくヘビといえば、東南アジアやインドにすむ、キングコブラが有名《ゆうめい》ですね。全長《ぜんちょう》は五メートルをこえ、どくヘビとしては最大《さいだい》です。かまれると、動《うご》けなくなったり、息《いき》ができなくなったり、心臓《しんぞう》が止まったりするので、かまれてすぐに死《し》んでしまうこともあります。

4 キングコブラのどくは、「神経《しんけい》どく」というしゅるいです。神経は、脳《のう》とからだのすみずみまでをつなぐ、れんらくもうですが、神経どくはこのれんらくをとぎれさせてしまうのです。海にいるウミヘビも、神経どくをもつヘビです。

5 日本のハブやマムシも、どくヘビとして名前を聞いたことがあるでしょう。

6 かまれると、まずかまれたところが大きくはれ上がり、はれといたみとしびれが、少しずつ全身《ぜんしん》に広がっていきます。このどくは、「出血《しゅっけつ》どく」とよばれています。出血どくは、血《けつ》かんや内ぞう、そして血《ち》そのものもこわしてしまうどくなのです。アメリカのガラガラヘビ、日

(1) この文章《ぶんしょう》は「神経《しんけい》どく」「出血《しゅっけつ》どく」「たんぱくどく」について説明《せつめい》しており、次《つぎ》の表《ひょう》は三つのどくのしゅるいについてまとめています。空らんA・Bにあてはまる言葉《ことば》を書きなさい。C・D・Eは、あとの　　からあてはまるものをすべてえらんで書きなさい。（一つ6点）

どくのしゅるい	どのようなどくか	どくをもつ生《い》き物《もの》
神経どく	脳《のう》とからだをつなぐれんらくもうをとぎれさす	C
出血どく	A をこわす	D
たんぱくどく	B をこわす	E

(5) 天気が□《くだ》り□《ざか》になる。

(6) 動物《どうぶつ》が□《せい》□《そく》する。

(7) 料理《りょうり》の□《あじ》□《み》をする。

(8) □《いえ》□《じ》につく。

(9) 全員の意見《いけん》を聞く。（　　）

(10) 相手《あいて》の様子をうかがう。（　　）

---

3 次の文の主語と述語にあたる言葉を一つずつえらび、□に記号《きごう》を書きなさい。

（両方できて一つ５点）

(1) ア山の　イ向《む》こうには、　ウぼくの　エ友だちの　オ学校が　カある。

主語□　述語□

(2) アこの　イかわいらしい　ウ動物は、　エ見た目の　オわりに　カとても　キ気性《きしょう》が　クあらい。

主語□　述語□

(3) アなんと　イ大きいのだろう、　ウ三年前に　エ作られた　オこの　カ公園は。

主語□　述語□

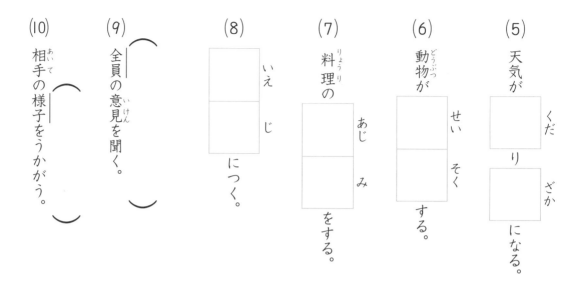

国語

1 かくにんテスト

学習日　月　日

得点　／100点

1 □には漢字《かんじ》を書きなさい。また、（　）には――を引いた漢字の読みがなを書きなさい。（一つ２点）

(1) □《みずうみ》に白鳥がいる。

(2) □《もく》□《たん》に火をつける。

(3) 毎日□《よ》□《しゅう》をする。

(4) 作戦《さくせん》を□《ね》る。

2 次《つぎ》の文の組み立てを考え、《れい》にならって□に言葉《ことば》を書きなさい。（すべてできて15点）

《れい》　強い相手が急《きゅう》に後ろにあらわれた。

強い → 相手が（主語《しゅご》）――（述語《じゅつご》）あらわれた。

急に → あらわれた。

後ろに → あらわれた。

わたしは、母が書いた手紙を父の前で読んだ。

だれが □ ― どうした □

→ 何を □ → 読んだ。

（主語）□ ――（述語）読んだ。

父の → どこで □ → 読んだ。

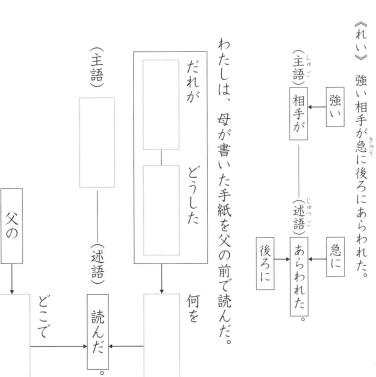

Z会グレードアップ問題集　全科テスト　小学3年

初版第 1 刷発行 ………… 2021 年 6 月 20 日
初版第 2 刷発行 ………… 2022 年 3 月 10 日
編　者……………………… Z会編集部
発行人……………………… 藤井孝昭
発　行……………………… Z会
〒 411-0033　静岡県三島市文教町 1-9-11
【販売部門：書籍の乱丁・落丁・返品・交換・注文】
TEL 055-976-9095
【書籍の内容に関するお問い合わせ】
https://www.zkai.co.jp/books/contact/
【ホームページ】
https://www.zkai.co.jp/books/

編集協力…………………… 株式会社 エディット
DTP 組版 ………………… ホウユウ 株式会社
デザイン…………………… ステラデザイン
イラスト…………………… 神谷菜穂子／稲葉貴洋
図版………………………… 神谷菜穂子／稲葉貴洋／モリアート
写真提供…………………… photolibrary
装丁………………………… Concent, Inc.
印刷・製本………………… シナノ書籍印刷 株式会社

© Z会　2021　★無断で複写・複製することを禁じます。
定価はカバーに表示してあります。乱丁・落丁はお取り替えいたします。

ISBN978-4-86290-336-5 C6081

Z-KAI

かっこいい小学生になろう

Z会グレードアップ問題集
全科テスト

国語 算数 理科 社会

小学
3年

解答・解説

解答・解説の使い方

この冊子では，問題の答えとともに，考え方の道筋や押さえておきたい重要事項を掲載しています。問題に取り組む際や○をつける際にお読みいただき，お子さまの取り組みをあたたかくサポートしてあげてください。

ステップ1

「答え」では，正解を示しています。
記述問題の解答は，（例）を示しています。

ステップ2

「考え方」では，それぞれの問題のポイントや考え方の道筋，学習アドバイスを示しています。
記述問題では，まるつけのためのポイントも示しています。

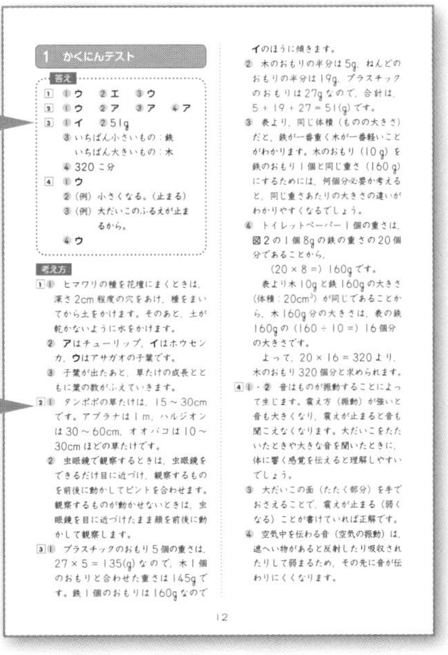
1　かくにんテスト

答え

1 ①ウ　②エ　③ウ
2 ①ウ　②ア　③ア　④ア
3 ①イ　②51g
③いちばん小さいもの：鉄
いちばん大きいもの：木
④320こ分
4 ①ウ
②（例）小さくなる。（止まる）
③（例）大だいこのふるえが止まるから。
④ウ

考え方

1① ヒマワリの種を花壇にまくときは，深さ2cm程度の穴をあけ，種をまいてから土をかけます。そのあと，土が乾かないように水をかけます。
② アはチューリップ，イはホウセンカ，ウはアサガオの子葉です。
③ 子葉が出たあと，草たけの成長とともに葉の数がふえていきます。
2① タンポポの草たけは，15～30cmです。アブラナは1m，ハルジオンは30～60cm，オオバコは10～30cmほどの草たけです。
② 虫眼鏡で観察するときは，虫眼鏡をできるだけ目に近づけ，観察するものを前後に動かしてピントを合わせます。観察するものが動かせないときは，虫眼鏡を目に近づけたまま顔を前後に動かして観察します。
3① プラスチックのおもり5個の重さは，27×5＝135(g)なので，木1個のおもりと合わせた重さは145gです。鉄1個のおもりは160gなのでイのほうに傾きます。
② 木のおもりの半分は5g，ねんどのおもりの半分は19g，プラスチックのおもりは27gなので，合計は，5＋19＋27＝51(g)です。
③ 表より，同じ体積（ものの大きさ）だと，鉄が一番重く木が一番軽いことがわかります。木のおもり（10g）を鉄のおもり1個と同じ重さ（160g）にするためには，何個分必要か考えると，同じ重さあたりの大きさの違いがわかりやすくなるでしょう。
④ トイレットペーパー1個の重さは，図2の1個8gの鉄の重さの20個分であることから，
（20×8＝）160gです。
表より木10gと鉄160gの大きさ（体積：20cm³）が同じであることから，木160g分の大きさは，表の鉄160gの（160÷10＝）16個分の大きさです。
よって，20×16＝320より，木のおもり320個分と求められます。
4①・② 音はものが振動することによって生じます。震え方（振動）が強いと音も大きくなり，震えが止まると音も聞こえなくなります。大だいこをたたいたときや大きな音を聞いたときに，体に響く感覚を伝えると理解しやすいでしょう。
③ 大だいこの面（たたく部分）を手でおさえることで，震えが止まる（弱くなる）ことが書けていれば正解です。
④ 空気中を伝わる音（空気の振動）は，遮へい物があると反射したり吸収されたりして弱まるため，その先に音が伝わりにくくなります。

12

★本テストでは，教科書よりも難しい問題を出題しています。お子さまが正解した場合は，いつも以上にほめてあげて，お子さまのやる気をさらにひきだしてあげてください。

★23ページに，各教科の単元一覧を掲載していますので，テスト前の確認やテスト後の復習の際にご参照ください。

★まちがえた問題は，「考え方」をご確認いただくとともに，復習の際は，教科書や『Z会グレードアップ問題集』（別売り）などをご活用ください。

目次

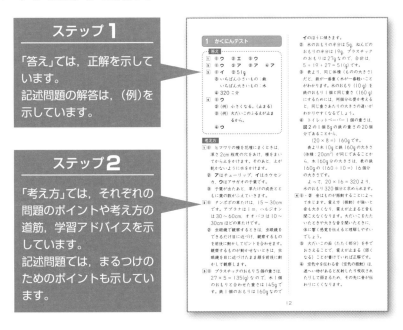

1　かくにんテスト

答え

1　①

```
  [2] 0 [8] 6
+ 4 [9] 5 7
-----------
  7 0 4 3
```

②

```
  4 [1] 9 [5]
- 2 6 [9] 8
-----------
  1 4 9 7
```

2　①  7　 4

②  1　 5

 8　 4

3　① 6，800　② 7020

③ 14，580　④ 8，100

⑤ 7，995

4　① 6　② 80000，80

③ 1，200　④ 3，700

⑤ 9990

5　①

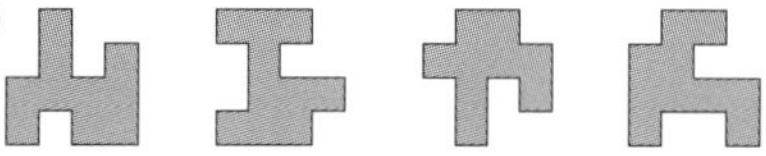

（　）（○）（　）（　）

②

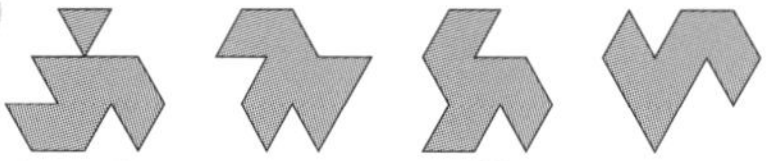

（　）（　）（○）（　）

6　①

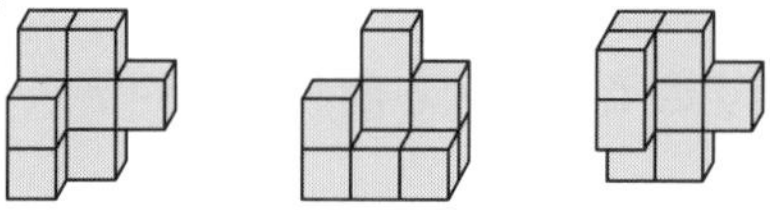

（　）（　）（○）

②

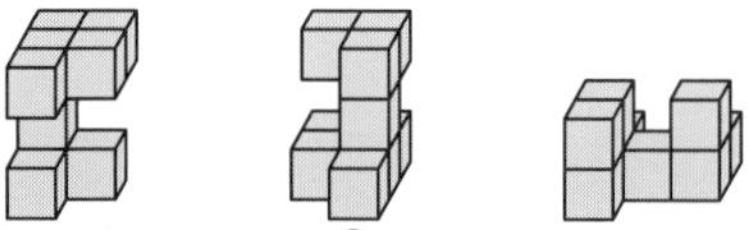

（　）（○）（　）

7　① 5分

② 1時間20分

考え方

1 ②　一の位の計算で，□から8をひいても7にならないので，十の位から1繰り下げて，

15 − 8 = 7

したがって，□は5です。

2　どの絵に入る数から求めるかを見極めるところがポイントです。絵に入る数がわかったら，絵の近くに書いておくとよいでしょう。

①　まず，左の筆算の百の位に注目すると，ネコに入る数は7か8とわかります。

777 + 77 = 854

888 + 88 = 976

より，ネコに入る数は7です。

②　まず，右の筆算の一の位に注目すると，

15 − 6 = 9

より，イチゴに入る数は5です。すると，左の筆算の十の位の計算は，

7 + 5 = 12

となるので，百の位に1繰り上がります（答えの十の位は3なので，十の位に1繰り上がっていることもわかります）。

　したがって，リンゴに入る数は1となり，右の筆算から，クリに入る数は8とわかります。

```
    0
  7 1 5   (1 is crossed out, 0 written above)
- 2 [chestnut] 6
---------------
  [banana] 2 9
```

3 ③　100cm = 1m，

1000m = 1km より，

1458000cm = 14580m

= 14km580m

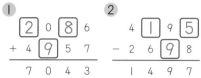

4　3km600m + 4km500m
= 7km1100m
= 8km100m

5　8km − 5m = 8000m − 5m
= 7995m
= 7km995m

4 2　1000g = 1kg,
1000kg = 1t より,
80000000g = 80000kg
= 80t

4　ひき算で，g どうしの計算ができないときは，1kg を 1000kg にかえます。
6kg500g − 2kg800g
= 5kg1500g − 2kg800g
= 3kg700g

5　10kg − 10g = 10000g − 10g
= 9990g

5　見本の形の特徴をとらえることが大切です。わかりにくいときは見本の形を紙に写し取って，回転させてみるとよいでしょう。

1　見本の右端の３個の正方形とそれにつながる１個の正方形に注目すると，正解の選択肢が見つかります。

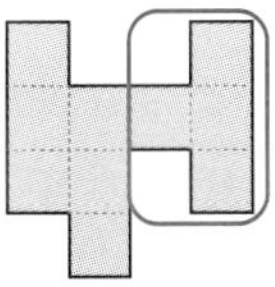

2　見本の形は，同じ形で，同じ大きさの四角形（台形）を３つ組み合わせてできています。

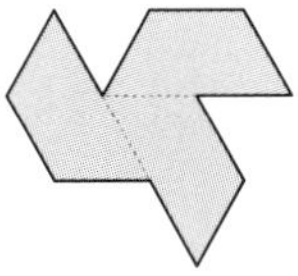

6 1　見本の形を右に回転させています。

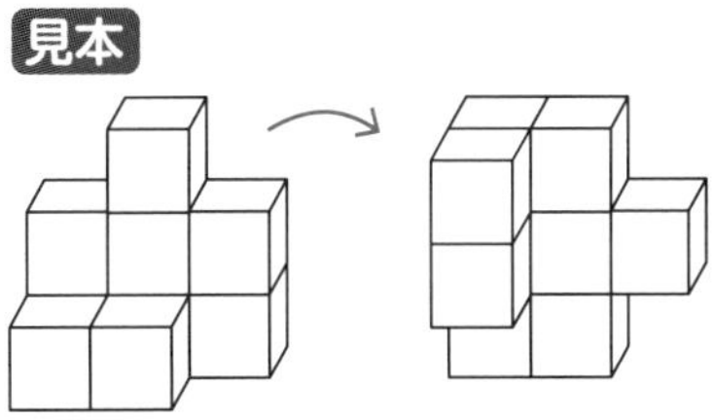

2　見本の形を左に回転させています。

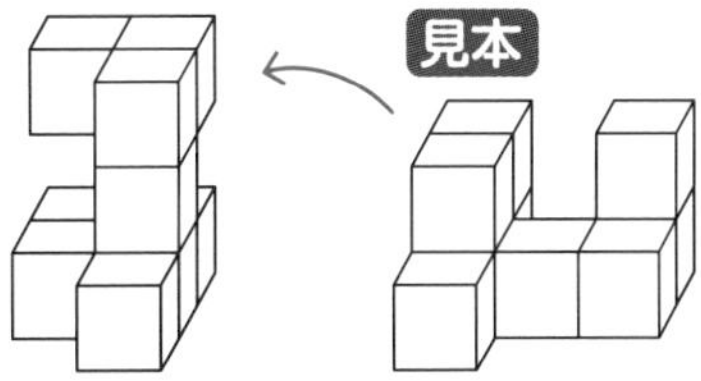

7　身近な時刻表を題材とした問題に取り組みます。日常生活の場面が学習と結びついていることを実感すると，お子さまの算数への関心や学習意欲が高まります。

1　駅に着いた時刻は９時40分です。次の電車は９時45分に発車します。したがって，駅で電車を待った時間は５分です。

2　９時45分から11時５分までの時間を求めます。９時45分から10時までが15分，10時から11時５分までが１時間５分。合わせると，１時間20分です。

2 かくにんテスト

答え

1 ① 5　② 6　③ 3

2 ※筆算は省略します。

① 2802　② 3556

3 ①

	1	9	2	8
×			4	7
1	3	4	9	6
7	7	1	2	
9	0	6	1	6

②

			4	5	3
		×	7	8	9
		4	0	7	7
	3	6	2	4	
3	1	7	1		
3	5	7	4	1	7

4 ① □ + 120

② 式　□ + 120 = 200

200 − 120 = 80

答え　80g

③ □ × 5

④ 式　□ × 5 = 1000

1000 ÷ 5 = 200

答え　200g

5 ① 正三角形　② 8cm

③ 二等辺三角形

6 ① ㋑

② 4まい

考え方

1 ① かけ算だけの計算では，順番を入れかえても答えは同じになります。

② かける数を分けて計算しても，答えは同じになります。

③ かけられる数の 17 を 20 − 3 として計算しても，答えは同じです。

なお，17 × 8 は，

17 × 8 = (10 + 7) × 8

= 10 × 8 + 7 × 8

のように計算することもできます。

3 ①

	1	㋐	2	8
×			㋒	7
1	3	㋑	9	6
□	7	□	2	
9	□	□	1	6

7 × 1㋐28 = 13㋑96 において，

7 × 1 = 7，13 − 7 = 6

より，7 × ㋐ + 1 の答えの十の位は 6 です。したがって，㋐は 9 です。

㋒ × 8 の答えの一の位が 2 なので，㋒は 4 または 9 です。㋒ × 1928 の答えは 4 けたの数になるため，㋒は 4 です。

②

			㋓	5	3
		×	㋕	8	㋐
		4	㋔	㋑	7
	□	□	2	4	
□	1	□	1		
□	5	□	4	㋒	7

㋐ × 3 の答えの一の位が 7 なので，㋐は 9 です。㋑は，9 × 5 + 2 = 47 より 7 で，㋒は 1 です。

9 × ㋓53 の答えの千の位は 4 で，

9 × 453 = 4077

9 × 553 = 4977

より，㋓は 4 または 5 です。㋓を 4 とすると，筆算の答えの百の位が，

1 + 0 + 2 + 1 = 4

となるため，正しいことがわかります。㋓を 5 とすると，筆算の答えの百の位が，

1 + 9 + 2 + 1 = 13

より，3 となり，正しくありません。したがって，㋓は 4 で，㋔は 0 です。

㋕ × 3 の答えの一の位が 1 のため，㋕は 7 です。

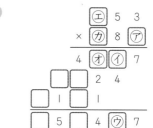

4 ① □を使った式で表すときは，言葉の式を先に立てると考えやすくなります。

タマネギ1個の重さは，

（ナス1個の重さ）＋120

＝□＋120（g）

② タマネギ1個の重さが200gなので，

□＋120＝200

□に120をたすと200になるので，□は，200から120をひいた数です。

③ キャベツ1個の重さは，

（トマト1個の重さ）×4

＝□×4（g）

よって，キャベツ1個とトマト1個の重さの合計は，

□×5（g）

④ 合計が1kg（1000g）なので，

□×5＝1000

□に5をかけると1000になるので，□は，1000を5でわった数です。

5 ①，② 辺アサ，辺サウ，辺ウアは同じ長さで，半径2cmの4つ分です。

③ 辺コシと辺シエは同じ長さです。

6 ① 真ん中の天秤は釣り合っているので，皿に乗っていない㋐，㋑，㋔，㋕のいずれかが重さの違うコインです。

右の天秤は傾いていて，㋒と㋓は同じ重さなので，㋑，㋔のどちらかが重さの違うコインです。

左の天秤は傾いているので，皿に乗っている㋑が重さの違うコインです。

② 12枚のコインを4枚ずつの3つのグループA，B，Cに分けます。

1回目は，左の皿にAの4枚，右の皿にBの4枚を乗せます。

(ア) 1回目に釣り合った場合，重さの違うコインはCの中にあります。このとき，2回目は，左の皿にCの4枚のうちの3枚，右の皿にA，Bの8枚のうちの3枚を乗せます。

2回目に釣り合った場合，皿に乗せなかったCの1枚が重さの違うコインです。2回目に左の皿のCの3枚のほうが重かった（軽かった）場合，3回目は，その3枚から2枚を選び，左右の皿に1枚ずつ乗せます。3回目に釣り合った場合，皿に乗せなかった1枚が重さの違うコインです。3回目に釣り合わなかった場合，重いほう（軽いほう）が重さの違うコインとわかります。

(イ) 1回目に釣り合わなかった場合，Aの4枚のほうが重かったとします。このとき，2回目は，Aから2枚とBから1枚の計3枚を組にして，左右の皿に3枚ずつ乗せます。

2回目に釣り合った場合，皿に乗せなかったBの2枚のどちらかが，ほかより軽いコインです。3回目は，左右の皿に1枚ずつ乗せれば，ほかより軽いコインが見つかります。2回目に釣り合わなかった場合，下に傾いたほうの皿に乗っているAの2枚のどちらかがほかより重いコイン，または，上に傾いたほうの皿に乗っているBの1枚がほかより軽いコインです。

3回目は，2回目に下に傾いたほうの皿に乗っていたAの2枚を1枚ずつ皿に乗せます。3回目に釣り合った場合，2回目に上に傾いたほうの皿に乗っていたBの1枚がほかより軽いコインです。3回目に釣り合わなかった場合，下に傾いたほうの皿に乗っているAの1枚がほかより重いコインです。

3 かくにんテスト

答え

1 ① 7　② 5　③ 0
④ 40　⑤ 14

2 ① 8 あまり 2　② 5 あまり 3
③ 8 あまり 5　④ 3 あまり 10

3 ① 37　② 9

4 式　$9 \times 9 = 81$
$4 \times 4 = 16$
$81 - 16 = 65$
答え　65 こ

5 （例）
① 式　$10 \times 10 = 100$
$6 \times 6 = 36$
$100 - 36 = 64$
答え　64 こ
② 式　$2 \times 8 = 16$
$16 \times 4 = 64$
答え　64 こ

6 ① 7cm　② 22cm

7 ① 4 人
② 式　$24 \div 8 = 3$
答え　3 倍
③ 11 人

考え方

1 ① わる数の段の九九を使って考えます。「八七 56」より，答えは 7 です。

② 「七五 35」より，答えは 5 です。

③ 0 を 0 でない数でわったときの答えは，いつも 0 になります。

④ 200 は 10 のかたまりが 20 個あるので，
$20 \div 5 = 4$
10 のかたまりが 4 個だから，答えは 40 です。

⑤ 98 を 70 と 28 に分けて考えます。
$70 \div 7 = 10$
$28 \div 7 = 4$
$10 + 4 = 14$

2 ① 「四八 32」8 だと 2 あまる。
「四九 36」9 だと 34 をこえる。
$34 \div 4 = 8$ あまり 2

② 「九五 45」5 だと 3 あまる。
「九六 54」6 だと 48 をこえる。
$48 \div 9 = 5$ あまり 3

④ わり算のわられる数やわる数が大きくなっても，考え方は同じです。
「$20 \times 3 = 60$」3 だと 10 あまる。
「$20 \times 4 = 80$」4 だと 70 をこえる。
$70 \div 20 = 3$ あまり 10

3 ① わられる数＝わる数×答え＋あまり より，
$\square = 7 \times 5 + 2 = 37$

② $78 = \square \times 8 + 6$ の□に数をあてはめて考えます。
$9 \times 8 + 6 = 78$
より，□は 9 とわかります。

5 方陣算の問題です。工夫したり，いろいろな方法で求めたりする中で，お子さまの算数の力はもっと伸びていきます。
「答え」の①で示した式は，真ん中のあいているところに，おはじきを置いて求める方法です。**4**の考え方を活用したものです。

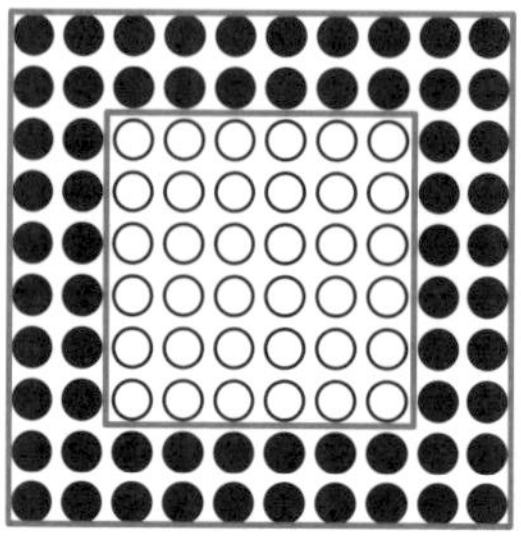

「答え」の②で示した式は，同じ個数の４つの組に分けて求める方法です。

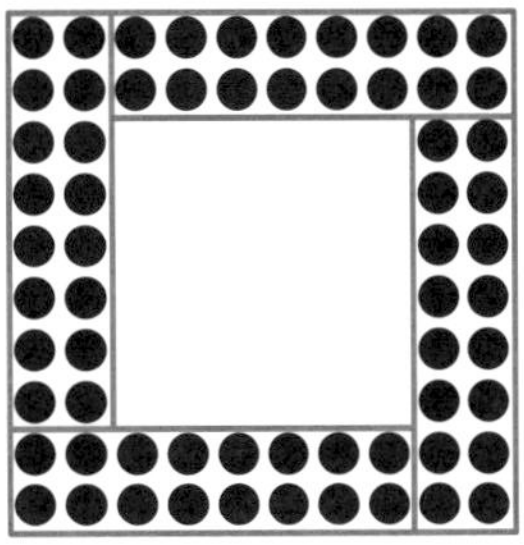

他にも求め方はいろいろあります。工夫して考えることができていたら，正解です。例えば，下の図のように，同じ個数の16個の組に分けて求めることもできます。

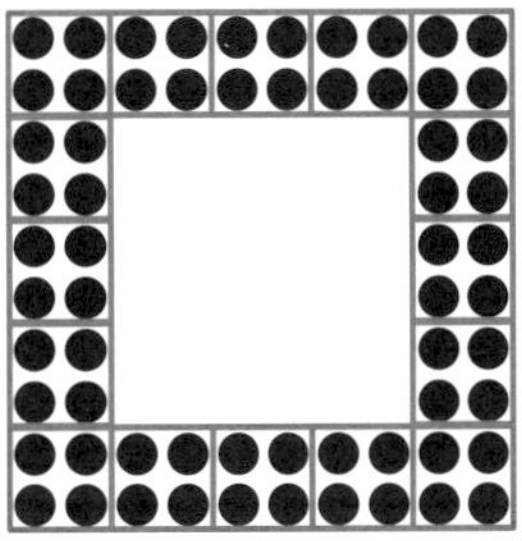

このときの式は，

2 × 2 = 4　　4 × 16 = 64

となります。

6 ① 円の中心が動いたあとは，下の図の色をつけた線のように直線になります。円の中心とアの直線との距離は，円の半径と常に等しくなっています。

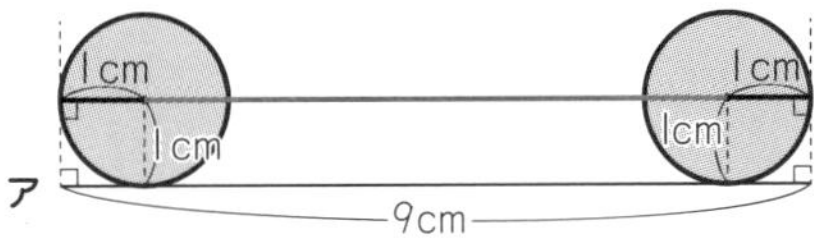

したがって，円の中心が動いた長さは，

9 − 1 − 1 = 7（cm）

② 円がかどを曲がるときの中心の軌跡の角は直角になります。また，長方形の内側の四隅には円が届かない部分ができることにも注意してください。軌跡をイメージしにくいようでしたら，長方形をかいて，縁に沿って十円玉などを動かして調べてみるとよいでしょう。

円の中心が動いたあとは，

縦…6 − 1 − 1 = 4（cm）

横…9 − 1 − 1 = 7（cm）

の長方形になります。

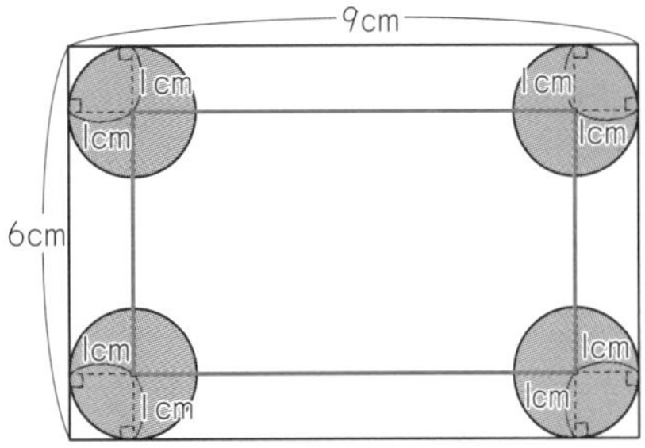

7 ① まず，1目盛りが何人を表すかを確認します。10人を5等分しているので，1目盛りは2人を表します。

動物園に行った人は20人，わくわく温泉に行った人は16人なので，違いは，

20 − 16 = 4（人）

となります。なお，違いが何目盛り分かに注目して，

2 × 2 = 4（人）

と求めることもできます。

② それぞれが何目盛り分かに注目して，式を，12 ÷ 4 = 3と立てても正解です。

③ 遊園地に行った24人のうち，13人は動物園にも行ったことがあります。したがって，遊園地に行ったことはあるけれど，動物園に行ったことがない人は，

24 − 13 = 11（人）

です。

4　かくにんテスト

答え

1　① 3.5　　② 20.5

2　① 13.5　　② 2.7

　　③ 6.2　　④ 8.7

3　① −，＋　　② ＋，−

4　① 式　　42 ÷ 6 = 7

　　　答え　7m

　　② 式　　9 × 7 = 63

　　　答え　63m

5　① 6，8，10，2

　　② 2，10

　　③ 24

6　① 3

　　② (だいたい) 3尺2寸

　　③ (だいたい) 177cm

考え方

1 ①　1dL = 0.1L より，

　3L5dL = 3.5L

②　1mm = 0.1cm より，

　20cm5mm = 20.5cm

2　小数のたし算，ひき算を筆算でするときは，整数のときと同じように，位を縦にそろえて書き，下の位（小数第一位）から順に計算します。

①

```
  8.6
+ 4.9
-----
 13.5
```

③

```
  12.0
−  5.8
------
   6.2
```

3　＋と−の記号をあてはめる問題です。あてはめ方は，＋と＋，＋と−，−と＋，−と−の4通りです。順にあてはめて，答えを見つけるとよいでしょう。

4　植木算の考え方を確認する問題です。

①　まっすぐな道に沿って木が植えてある場合，「木の本数」と「木と木の間の数」は同じではありません。「木と木の間の数」は，「木の本数」より1少なく，6です。したがって，木と木の間の長さは，

　42 ÷ 6 = 7 (m)

と求められます。

②　池のまわりのように，環状になった道には端がありません。まっすぐな道のときとは異なり，「木の本数」と「木と木の間の数」は同じになります。

　したがって，木と木の間の数が7となるため，池のまわりの長さは，

　9 × 7 = 63 (m)

と求められます。

5　長方形の紙を何枚か並べていったときのまわりの長さのきまりを見つけて，できた図形のまわりの長さを求めます。

①　問題の図を使って考えると，長方形の紙が1枚増えたとき，まわりの長さは2cm増えることがわかります。

②　長方形を3枚並べたときのまわりの長さは，長方形を1枚並べたときのまわりの長さの6cmに，増えた分の2cmを2回たした長さになります。

　6 + (2 × 2) = 10 (cm)

　下のような図をかいて，矢印の数を数えながら教えるとよいでしょう。

6，　8，　10

　+2　　+2

③　②と同様に考えます。長方形を10枚並べたときのまわりの長さは，長方形を1枚並べたときのまわりの長さの6cmに，増えた分の2cmを9回

たした長さになります。

6＋（2×9）＝24（cm）

6 馴染みのある「一寸法師」のお話を題材とすることで，単位への興味・関心を高めながら，単位換算の処理力を伸ばすことをねらいとしています。

① 1寸は1尺の$\frac{1}{10}$の長さであることから，1寸はだいたい

30÷10＝3（cm）

と求められます。

② 1寸はだいたい3cmであることから，96cmはだいたい

96÷3＝32（寸）

10寸＝1尺より，

32寸＝3尺2寸

と求められます。

③ 1尺はだいたい30cmであることから，5尺はだいたい

30×5＝150（cm）

1寸はだいたい3cmであることから，9寸はだいたい

3×9＝27（cm）

となります。

したがって，5尺9寸は，だいたい

150＋27＝177（cm）

と求められます。

5　かくにんテスト

答え

1　① 4こ　② 3こ

2　① $\frac{7}{12}$　② $\frac{5}{9}$　③ $\frac{11}{15}$

④ $\frac{3}{14}$　⑤ $\frac{9}{13}$　⑥ $\frac{3}{10}$ (0.3)

3　① こうかのしゅるい…十円玉
まい数…4まい

② 160円

4　① 5　② 1

5　① ㋐ 1　㋑ 5　㋒ 46
㋓ 4　㋔ 木

② 式　30 + 31 + 1 = 62
62 ÷ 7 = 8 あまり 6

答え　土曜日

考え方

1 ①　3つの分数の分母が同じなので，分子の大小に注目します。□にあてはまる数は，3，4，5，6の4個です。

②　3つの分数の分子が同じなので，分母の大小に注目します。分母が大きい分数のほうが小さい数になります。このことは，例えば，$\frac{1}{8}$が1を8等分した1つ分の大きさで，$\frac{1}{12}$が1を12等分した1つ分の大きさであることから理解できるでしょう（たくさんに等分したほうが1つ分は小さい）。□にあてはまる数は，9，10，11の3個です。

2 ①，②　分母が同じ分数のたし算，ひき算は，分母はそのままにして，分子だけを計算します。

③　1を$\frac{15}{15}$として，ひき算します。

$$1 - \frac{4}{15} = \frac{15}{15} - \frac{4}{15} = \frac{11}{15}$$

④，⑤　分数が3つになっても，計算の仕方は分数が2つのときと同じです。

⑥　分数と小数が混じっているときは，どちらかにそろえて計算します。分数にそろえると，

$$1 - \frac{8}{10} + 0.5 - \frac{4}{10}$$
$$= \frac{10}{10} - \frac{8}{10} + \frac{5}{10} - \frac{4}{10}$$
$$= \frac{3}{10}$$

小数にそろえると，

$$1 - \frac{8}{10} + 0.5 - \frac{4}{10}$$
$$= 1 - 0.8 + 0.5 - 0.4$$
$$= 0.3$$

3　日常生活で算数を活用する好例です。お子さまと買い物に行ったときに，硬貨の出し方を工夫してみてください。

①　660円を支払うときに千円札を出すと，

百円玉3枚，十円玉4枚

の計7枚をおつりでもらいます。硬貨を1枚たして，おつりの硬貨の枚数を減らしたいので，十円玉を1枚たして，五十円玉をもらえるようにするのがポイントです。このとき，おつりは，

百円玉3枚，五十円玉1枚

の計4枚をもらいます。

②　千円札に硬貨を3枚たして，おつりの硬貨の枚数を最小限（1枚）にするためには，五百円玉をもらえるよう

にするのがポイントです。①で十円玉を１枚たしたときのおつりは350円なので，あと２枚硬貨をたして500円にすればよいことがわかります。したがって，あと百円玉１枚と五十円玉１枚をたせばよく，このとき，おつりは五百円玉１枚をもらいます。

4 ①

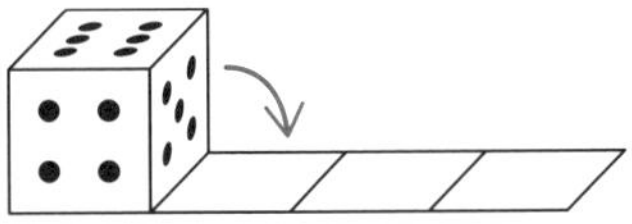

右に１回転がすと下の面の数字は５となるため，上の面の数字は２です。

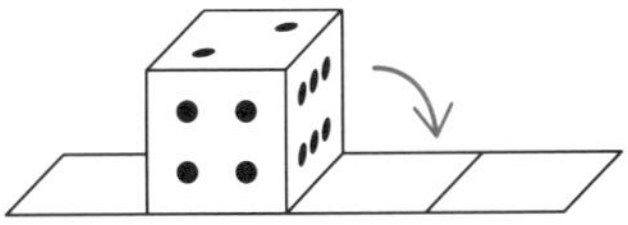

さらに右に１回転がすと下の面の数字は６となるため，上の面の数字は１です。

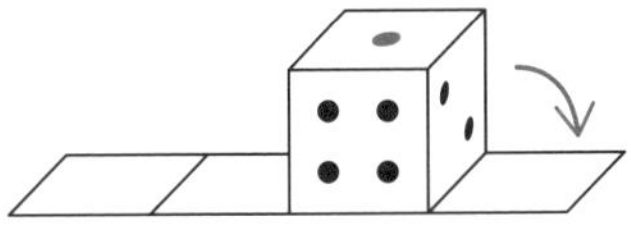

さらに右に１回転がすと下の面の数字は２となるため，上の面の数字は５です。

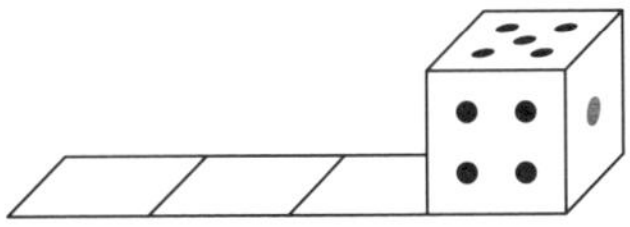

② ①と同じように考えます。上の面の数字は，

３→６→４→５→３→１

のように変わっていきます。

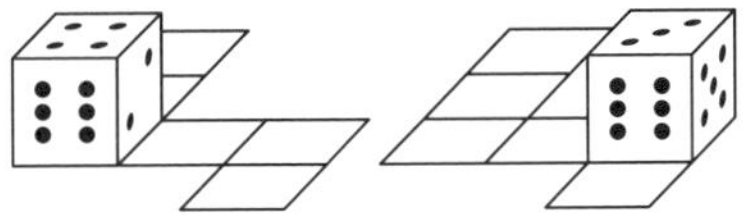

5 わり算のあまりを利用して曜日を求める日暦算《にちれきざん》の問題です。

① 11月で，日にちを７でわったあまりが同じ日にちは，同じ曜日になるというきまりがあることがわかります。

あまりが１のとき月曜日
あまりが２のとき火曜日
あまりが３のとき水曜日
あまりが４のとき木曜日
あまりが５のとき金曜日
あまりが６のとき土曜日
わり切れるとき日曜日

そこで，11月と12月のカレンダーをつなげて，12月の日にちを11月○日のように表すと，11月のきまりを使って，何曜日かを知ることができます。11月は30日まであるので，

12月１日→11月31日
12月２日→11月32日
⋮
12月16日→11月46日

と表されます。したがって，

46÷７＝６あまり４

より，12月16日は木曜日です。

② ①と同様に１月１日を11月○日のように表します。11月は30日，12月は31日まであるので，１月１日は，

30＋31＋１＝62

より，11月62日と表されます。

１をたし忘れないように注意しましょう。

62÷７＝８あまり６

より，１月１日は土曜日です。

1 かくにんテスト

答え

1　①**ウ**　②**エ**　③**ウ**

2　①**ウ**　②**ア**　③**ア**　④**ア**

3　①**イ**　②51g

③いちばん小さいもの：鉄
いちばん大きいもの：木

④320こ分

4　①**ウ**

②（例）小さくなる。（止まる）

③（例）大だいこのふるえが止まるから。

④**ウ**

考え方

1 ①　ヒマワリの種を花壇にまくときは，深さ2cm程度の穴をあけ，種をまいてから土をかけます。そのあと，土が乾かないように水をかけます。

②　**ア**はチューリップ，**イ**はホウセンカ，**ウ**はアサガオの子葉です。

③　子葉が出たあと，草たけの成長とともに葉の数がふえていきます。

2 ①　タンポポの草たけは，15～30cmです。アブラナは1m，ハルジオンは30～60cm，オオバコは10～30cmほどの草たけです。

②　虫眼鏡で観察するときは，虫眼鏡をできるだけ目に近づけ，観察するものを前後に動かしてピントを合わせます。観察するものが動かせないときは，虫眼鏡を目に近づけたまま顔を前後に動かして観察します。

3 ①　プラスチックのおもり5個の重さは，27×5＝135(g)なので，木1個のおもりと合わせた重さは145gです。鉄1個のおもりは160gなので**イ**のほうに傾きます。

②　木のおもりの半分は5g，ねんどのおもりの半分は19g，プラスチックのおもりは27gなので，合計は，5＋19＋27＝51(g)です。

③　表より，同じ体積（ものの大きさ）だと，鉄が一番重く木が一番軽いことがわかります。木のおもり（10g）を鉄のおもり1個と同じ重さ（160g）にするためには，何個分必要か考えると，同じ重さあたりの大きさの違いがわかりやすくなるでしょう。

④　トイレットペーパー1個の重さは，図2の1個8gの鉄の重さの20個分であることから，

（20×8＝）160gです。

表より木10gと鉄160gの大きさ（体積：20cm^3）が同じであることから，木160g分の大きさは，表の鉄160gの（160÷10＝）16個分の大きさです。

よって，20×16＝320より，木のおもり320個分と求められます。

4 ①・②　音はものが振動することによって生じます。震え方（振動）が強いと音も大きくなり，震えが止まると音も聞こえなくなります。大だいこをたたいたときや大きな音を聞いたときに，体に響く感覚を伝えると理解しやすいでしょう。

③　大だいこの面（たたく部分）を手でおさえることで，震えが止まる（弱くなる）ことが書けていれば正解です。

④　空気中を伝わる音（空気の振動）は，遮へい物があると反射したり吸収されたりして弱まるため，その先に音が伝わりにくくなります。

2 かくにんテスト

答え

1
1 ③→④→②→①
2 ②　3 **エ**
4 （例）よう虫の食べ物になるから。

2
1 **ウ**　2 **イ**
3 ① **エ**　② **オ**　③ **ク**
④ **イ**　⑤ **コ**

3
1 2回目　2 **イ**　3 **イ**

4
1 （い）
2 （例）車が動くのは，のびたわゴムが元にもどろうとする力を利用《りよう》しているから。
3 **イ**　4 （う）

考え方

1 1 モンシロチョウは，卵（③）→幼虫（④）→さなぎ（②）→成虫（①）の順に育ちます。

2 越冬する形態は昆虫によって違いがあります。モンシロチョウはさなぎ，トノサマバッタやオオカマキリは卵，カブトムシは幼虫，ナナホシテントウは成虫で冬を越します。

3 モンシロチョウは，キャベツやアブラナなどの葉に卵を産みます。アゲハはミカンやサンショウの葉に卵を産みます。

4 卵から出てきた幼虫は，卵の殻を食べ，その後キャベツの葉を食べるようになります。食べ物があるなど，幼虫が育ちやすい場所に産卵されることが書けていれば正解です。

2 1 トンボの幼虫は水の中でくらし，成虫になる前に草などの上にあがり羽化します。バッタの仲間はさなぎにならず，幼虫と成虫のすがたが似ています。

2 昆虫は，体が頭・胸・腹の3つの部分に分かれており，6本のあしが胸の部分についています。羽は，2枚のもの，4枚のもの，無いものがあります。

3 サソリはクモと同様，体が2つの部分に分かれており，あしの本数は6本より多くあります。このため，昆虫のなかまではありません。

3 1 送風機の風が強いほど，車の帆に当たる風が強くなるので，車が進む距離は長くなります。

2 送風機の上半分を下敷きで隠すと，隠す前より風の力が弱くなるので，図3の車は図2の1回目の車よりゆっくりと進みます。

3 風は左に向かって吹くので，その反動で，車は風が吹く向きと反対の右へ向かって動きます。

4 1・2 輪ゴムを伸ばすと，元に戻ろうとする力が働きます。輪ゴムが伸びるように（あ）のほうへ車を引いてから手を放すと，輪ゴムの元に戻ろうとする力の働きで，車は（い）のほうへ動きます。

3 輪ゴムの本数を増やしたり，輪ゴムを太いものにしたりすると，輪ゴムが元に戻ろうとする力が強くなります。

4 輪ゴムを車を動かしたい向きと反対の向きにねじると，元に戻ろうとする力が働き，動かしたい向きに車が動きます。

3 かくにんテスト

答え

1 1 西　2 **エ**　3 **イ**

2 1 **ウ**　2 **ア**

3 (例) 大きい虫めがねのほうが，日光をたくさん集めることができるから。

4 **ウ**

3 1 ④　2 **ウ**

3 (例) はさみのプラスチックの部分は，電気を通さないから。

4 ㋐…㋓　㋑…㋒

4 1 鉄のクリップ・鉄のスプーン

2 (例) 上と下のじしゃくのＮきょくどうしがしりぞけあっているから。

3 **ウ**　4 **ウ**

考え方

1 1　日本がある北半球では，太陽は，東から昇り，南の空を通って西に沈みます。図は，午前 11 時の太陽の位置を表しているので，棒の左が東となります。

2　影は，太陽の位置と反対の向きにできます。東→南→西と動く太陽に合わせて，影は西→北→東と動きます。方位を書いて確認するとわかりやすいでしょう。また，太陽高度が高い正午の影は 1 日の中で最も短くなります。

3　日なたは日光によって温められるので，日陰よりも地温が高くなります。

2 1・4　虫眼鏡を使うと，日光を集めることができます。虫眼鏡と紙の距離によって，日光の集まる部分の大きさが変わります。日光の集まる部分が小さくなるほど温度が高くなるので，紙などの上に日光を集めると火がついて燃えることがあります。

2・3　大きな虫眼鏡のほうが，小さな虫眼鏡よりも日光をたくさん集めることができます。3では，虫眼鏡の大きさによって日光の集まり方がどう違うか書けていれば正解です。

3 1　④のつなぎ方だと電気の通り道ができないため，豆電球は光りません。

2　③は豆電球が直列につないであります。豆電球のどちらか 1 つをソケットからはずすと，そこで電気の通り道が切れてしまい残った豆電球は消えます。

3　プラスチックは電気を通さないため，この回路の豆電球は光りません。プラスチックが電気を通さないことが書けていれば正解です。

4　㋐を㋓に，㋑を㋒につなぐと，**スイッチＡとスイッチＢ**のどちらに切りかえても乾電池 1 個と豆電球 1 個をつないだ回路になります。

4 1　鉄は磁石につきます。金属でも，アルミニウムはくや銅でできている 10 円玉は磁石につきません。

2　磁石の同じ極同士は退け合うことが書けていれば正解です。

3　方位磁針のＮ極は棒磁石のＳ極に引きつけられるように動きます。

4　磁石についた鉄くぎも上がＳ極，下がＮ極の磁石になっています。方位磁針で北を指すのはＮ極なので，くぎのＮ極から離れるように動きます。

1 かくにんテスト

答え

1 **1** **ア** 西　**イ** 北　**ウ** 東

2 ① 交番　② 郵便局

③ 図書館

3 地図記号：Y

もとになった道具：**ア**

4 畑：**イ**　かじゅ園：**ウ**

2 **ア** ×　**イ** ○　**ウ** ×

エ ○　**オ** ×　**カ** ○

3 ① 井戸　② 木材

③ ガスコンロ

④ プラスチック　⑤ 修理

考え方

1 **2** ①の駅前にある **X** の地図記号は交番です。これは警察官が身につけている警棒を２本交差させた様子を表しています。

②の住宅地の中にある地図記号は郵便局です。この地図記号は，昔，郵便などをあつかっていた国の役所である逓信省《ていしんしょう》のカタカナの「テ」を○でかこんだものです。

③の学校の前の大きな道を進んで，神社を通りすぎたところの交差点を左に曲がると，畑や果樹園の先に図書館の地図記号  があります。

3 昔は火事が起きると，火が燃え移らないように隣の建物を壊しました。このとき使われた道具が**ア**の「さすまた」です。消防署の地図記号 Y の元になっています。**イ**は半鐘《はんしょう》といい，火事が起きたときに近くの住民に知らせるために打ち鳴らされました。**ウ**は消防ラッパで，昔は消防士に「集合」や「放水始め」などを指示していました。

2 **ア**　1959 年ごろの地図には寺院の地図記号 卍 が１つしかなく，神社の地図記号 ⛩ はありません。**イ**　1959 年ごろの地図には大きな浄水場がありますが，2009 年ごろの地図には浄水場はなく，建物が建てられています。**ウ**　Z 駅の南側には 1959 年ごろは６本の線路がありますが，2009 年ごろは４本になっており，駅舎自体の面積も大きくなっていることがわかります。**エ**　どちらの地図にも北側の中央に警察署があり，その北東に寺院があります。昔と今とで変わっていません。**オ**　地図記号は「その場所はどのように使われ，どのような建物などがあるか」という土地の利用方法しかわかりません。したがって建物の大きさまではわかりません。

カ　1959 年ごろの地図を見ると，小・中学校を表す **文** の地図記号が Z 駅の西側に２つ，浄水場の北西に１つ，ありますが，2009 年ごろの地図ではなくなっています。また，Z 駅の北にあった線路と，Z 駅の隣から南西方向にのびていた線路もそれぞれ 2009 年ごろの地図では消えています。

3 ①　井戸は地下水をくみ上げるところです。昔は井戸が日本各地にあり，飲み水や料理などに利用されていました。

③　昔かまどが使われていた頃にはガスがなく，火をつけることも大変なことでした。今はガスコンロや，電気で調理する I H コンロなどがあります。

④⑤　現在は技術がすすみ，プラスチックや金属などが多く利用されています。しかしこうした材料で作られた道具は「壊れると修理がしにくい」という欠点があります。

2　かくにんテスト

答え

1　1 ① いちご　② 日本なし
　2 地産地消
　3 ① **オ**　② **エ**　③ **イ**
　4 **ア**○　**イ**×　**ウ**○
　5 ビニールハウス

2　1 **ア**　2 福岡県　3 **イ**

3　1 ① **イ**　② **キ**　③ **エ**　2 **ウ**
　3（例）お店がその日にいちばん売りたい品物が大きく書かれている。

考え方

1 1　グラフの縦軸が生産量をあらわしています。第３位はさといも，第４位は大麦です。

2　地元で生産した食材を，その地域で消費することを地産地消といいます。生産地が近いため，地元の新鮮な農作物を食べることができ，地域の産業や農業の活性化にもつながります。

4　**ア**　いちごに限らず，農作物に虫がつくと商品としての価値が下がります。そのため農家の人たちはいろいろな工夫をしています。今回の問題では，**しりょう２**の中に「害虫対策」という記述があるので，正しいといえます。**イ**　**しりょう２**に「肥料を追加する」という記述があるので，まちがっていることがわかります。**ウ**　**しりょう３**を見ると人の手でいちごを収穫していることがわかります。

5　ビニールハウスは日本各地の農業で利用されています。温度を調整することができるので，冬の野菜を夏に出荷することもできます。

2 1　正しい並び方は**イ→オ→カ→エ→ア→ウ**の順番です。

2　小麦粉の後にカッコで示されているのが産地です。小麦の生産量は日本国内では北海道が第１位で，日本全体の６割以上を占めています。

3　**ア**　問題文に「りくさんは工場ではたらく人たちを見ていて」とあります。工場の人を見ているだけでは，全員が自動車免許を持っているかどうかはわかりません。**イ**　白い服であれば抜けた髪やゴミ，汚れなどが目立ちやすいため，多くの工場で白い服が着られています。**ウ**　地面に落ちた食品は，再利用されません。**エ**　冷房をつけずに料理をすると，食品が腐ってしまう可能性があります。

3 1 ①　商品はわかりやすいように正面を向けて，また棚から取りやすいように，並べられています。

③　生産地から飛行機や鉄道を使って商品を輸送することがあるかもしれませんが，店に商品を運び入れるのはトラックです。

2　**ア**　**しりょう１**に会社名は記載されていますが，社長の名前は書かれていません。**イ**　商品を買うときには消費税という税がかかります。この場合は税込金額の385円を払うことになります。**エ**　販売日は８月15日のため，賞味期限の８月20日は５日後だとわかります。

3　チラシの内容や特徴をとらえて書けていれば正解です。

その他の例：「お客さんのために，宅配をしていることが書かれている。」「お客さんが安心して買えるように，生産者が書かれている。」

3 かくにんテスト

答え

1 1 ① 119
② （消防本部）通信指令室
③ 消防しょ
④ 病院
2 **ウ**
3 ① 24　② 通信きんむ
③ 2　④ 防火指どう

2 1 ① 減って（少なくなって）
② 2016
③ 自転車専用（の）［自転車用（の），自転車だけの］
④（例）歩行者と自転車の事故をふせぐ
2 **イ→ア→ウ**
3 **ア** ×　**イ** ○　**ウ** ×　**エ** ○

考え方

1 1 ① 110番は警察を呼ぶときの番号なので，注意しましょう。

② 通信指令室の人たちは，火事なのか救急なのかを確かめ，現場の位置を正確に聞き取って，消防士や救急救命士に伝えます。

2 消防団の人々は，ふだんは別々の仕事をしていて，いざというときに活動します。

2 1 ①② 「歩行者との事故件数」について答えるので，赤色の「対歩行者数」の棒グラフに着目します。対歩行者数の棒グラフは年々小さくなっていて，その上に書かれている数字を読み取ると，数が減っていることがわかります。また，2015年までは2500人以上だった数が，2016年には2281人となり，大きく減ったこともわかります。

③④ 写真の道路に自転車のマークがかかれています。これは自転車専用の道路であることを示し，普通自転車以外の車と歩行者は通行できません。これにより歩行者と自転車がぶつかるなどの事故をふせぐことができます。また，自転車専用の道路の上に白い矢印が書かれていて進む方向が決まっている場合は，それにしたがって進まなければなりません。

④は，歩行者と自転車が別に通行していることに着目して書けていれば正解です。

2 日本の警察はどの都道府県でも110番でつながります。通信指令室で受信（**イ**）したら各警察署（**ア**）に連絡をし，指令を受けた警察署（**ア**）は，パトロールカー（**ウ**）に現場に向かうように指示を出します。

3 安全マップには小学校や中学校を中心とする地域のなかで，事故や事件が起きやすい場所や，安全な場所が載っています。

ア 新中央駅の周辺を見ると「交通量多し」や「飛び出し注意」マークがあるので間違っています。

イ 「あやしい人注意」マークは駅の南に3か所あります。

ウ 「子ども110番の家」は何か起きたときに助けてくれる大人がいます。安全マップを見ると神社周辺には3か所ありますが，それ以外の地域にも「子ども110番の家」のマークがあります。

エ 警察署⊗の南側には「飛び出し注意」，郵便局〒の南側には「大型車多し」のマークがあります。

5 かくにんテスト

答え

1 (1) 住人 (2) 代金 (3) 返上 (4) 負荷
(5) 球根 (6) 横転 (7) 曲 (8) 半島
(9) はなぢ (10) びょうき

2 (1) さしあげた (2) ○ (3) いらっしゃいました

3 (1) うかがった (2) ごらんになって
(3) いただいた (4) なさる (5) おっしゃった

4 (1) (例) 久田さんが絵に対して悪口を言ったことを真中さんがおこっていること。
(2) **ア**
(3) (例) なぜ絵にあやまらなくてはいけないのかとおこる気持ち。
(4) **ア**

考え方

2 敬語の問題では、「だれがしたか」「だれにしたか」「何をしたか」の三点に注意するようにしておきましょう。
(1) 「あげた」のは自分で、「あげる」相手は目上の「先生」なので、謙譲語の「さしあげた」を使います。
(2) 相手は友だちなので、敬語を使う必要はありません。
(3) 「来た」のは「父のお客様」なので、尊敬語の「いらっしゃる」の過去形を使います。元の文が丁寧語を用いているので「いらっしゃいました」になります。

3 (1) 自分が「行った」ので、謙譲語「うかがった」を選びます。
(2) 伝統工芸品を作っている方が見学に来た子どもたち（お客様）に対して発した言葉なので、尊敬語「ごらんになって」を選びます。
(3) 自分が「もらった」ので、謙譲語「いただいた」を選びます。
(4) 作品展を「する」のは伝統工芸品を作っている方なので、尊敬語「なさる」を選びます。
(5) 先生が「言った」ことなので、尊敬語「おっしゃった」を選びます。

4 (1) 8行目までに書かれている内容から、絵に悪口を言った久田さんに対して真中さんが怒ったということがわかります。
(2) 「目が泳ぐ」とは、「あせったりとまどったりして瞳が左右に動く」ことです。真中さん、仙道さん、久田さんがそれぞれ気分を悪くしている横で、二人はどうすればいいのかわからなくてこまっています。
(3) 久田さんは直後で「なんで絵にあやまんなきゃいけないの!?」と言っています。ここから、「あやまっちゃえば？」と言った「ぼく」に対して怒っていることがわかります。
(4) 真中さんは、久田さんに「人の外見をアレコレいうな！」と怒ったり、「ぼく」に「そんなんだからチキンっていわれるんだよ」と、相手に言いたいことは、面と向かって言っています。真中さんにとって、陰口を言うのも、肖像画にふざけて悪口を言うのも、相手が言い返せないから同じことで、相手と向き合いたいと強く思っていることが、「気持ちの問題」という言葉から読み取れます。

4 かくにんテスト

答え

1 (1) 去 (2) 田畑 (3) 都会 (4) 起

(5) 新緑 (6) 感想 (7) 氷 (8) 開始

(9) じじつ (10) うわぎ

2 (1) あなかんむり (2) しめすへん

(3) ころもへん (4) くにがまえ (5) まだれ

3 (1) **ア** ひとけ **イ** にんき

(2) **ア** なまもの **イ** せいぶつ

(3) **ア** たいか **イ** おおや

4 (1) 1 太陽 2 日かげ 3 温度

(2) A **ウ** B **ア**

(3) (例) うちゅう遊泳ができるように、さまざまなそうちがついているから。

(4) **イ**

考え方

2 部首だけを覚えるのではなく、それぞれの部首がどのような意味を持っているかもあわせて覚えておきましょう。

3 同じ字でも、音読みするか訓読みするかで、ちがう意味を持つことがあります。熟語だけで覚えるのではなく、どのような文脈で使われる言葉なのかもあわせて覚えておきましょう。

4 (1) まずは指示語を含む一文を読んでから、指示語より前の部分を探しましょう。宇宙飛行士が宇宙服を着るのは、[1]段落に書かれているような、宇宙の厳しい環境にたえられるようにするためです。

(2) [A]に続く部分では、「空気がなく音が伝わらない」ということが説明されていて、[1]～[3]段落で説明してきた「太陽の光が差すかどうかで温度が大きく変わる」ということとは別の観点から宇宙のことを説明しています。いくつかの内容をならべるときに使う「また」が入ります。

[B]の直前には「宇宙空間ではにおいがしないはずだ」と書かれていますが、直後には「宇宙遊泳から帰って来た宇宙飛行士たちの宇宙服からは、焼けた金属やラズベリーのにおいがする」と書かれています。前後が反対の内容になっていますから、「ところが」が入ります。

(3) ハイテクとは、ハイテクノロジーを略した言葉で、高度な科学技術のことです。――②のすぐあとに、なぜ「ハイテク宇宙船」といわれるか、その説明がされています。宇宙服を身につければ、その高機能の装備によって宇宙遊泳ができて、そのうえ通信機器もついているので、「ひとり乗りのハイテク宇宙船」といわれているのです。

(4) 意味段落を考える場合は、接続語だけに注目するのではなく、それぞれの意味段落をまとめるような小見出しがつけられるかどうかで判断しましょう。[1]～[3]段落は「宇宙の温度」、[4]段落は「宇宙の音」、[5]～[6]段落は「宇宙のにおい」について書かれており、[7]～[10]段落は「宇宙服と宇宙遊泳」についてまとめられています。形式段落は、改行をして一字下げになっているところが区切りになります。

3 かくにんテスト

答え

1 (1) 両親 (2) 暗 (3) 農業 (4) 助手
(5) 面会 (6) 平泳 (7) 発生 (8) 登校
(9) はんちょう (10) たいわ

2 (1) イ (2) ア (3) ウ

3 (1) 負ける (2) 入学する (3) 寒い

4 (1) ウ
(2) イ
(3) ア
(4) ① つぶ ② しいの実 ③ 銀河
④ けしつぶ ⑤ 宇宙

考え方

2 同じ意味の言葉は、入れかえても意味が通ります。自分の選んだ言葉をもとの言葉と入れかえて読み、意味が通るかどうかを確かめてみましょう。辞書を使って意味を調べるのもよいでしょう。

3 対義語とは、反対の意味の言葉のことです。対義語をセットで覚えて語彙を増やしていきましょう。「高い」の対義語には「低い」と「安い」の二つがあるように、複数の対義語をもつ言葉があるので注意しましょう。

4
(1) 第一連の最後の行が「銀河」という名詞（体言）で終わっていることから、ここに体言止めの表現方法が使われていることがわかります。体言止めを用いて、読み手に余韻を与えています。

(2) 同じ言葉がくり返されることで、その言葉が印象深くなります。また、同じ音がくり返されることで、心地よいリズムが生まれます。この詩では「りんろろん」という言葉をくり返すことでリズムを生み出しています。

(3) この詩では、自分のことを「けしつぶの／そのまたつぶのつぶつぶの／つぶつぶつぶのこのぼく」と表現しています。詩では「宇宙」→「地球」→「ぼく」と、小さなものへ視点が移っていきます。そして、宇宙を感じ取っていることを「宇宙が響く」と表現しています。ちっぽけな「ぼく」の小さな胸のなかで、宇宙の大きさを感じていることへの感動を主題にした詩です。

(4) きょうすけさんは、「つぶ」という言葉が重なっていくところから、どんどん小さくなっていくことを想像しています。「つぶ」→「つぶつぶ」→「つぶつぶつぶ」と増えていくのがおもしろいと言っているのですね。
さやかさんも、詩の中に出てくる物の大きさに注目しています。「てのひらのしいの実」と「銀河」、「けしつぶ」と「宇宙」のように、小さいものと大きいものが対比されることにより、よりいっそう、それらの小ささ、大きさが際立つと感じています。

2 かくにんテスト

答え

1 (1) 万全　(2) 実力　(3) 入港　(4) 仕入　(5) 神社　(6) 長身　(7) 空・箱　(8) 宿題　(9) しょうぎょう　(10) しゃせい

2 (1) **エ**　(2) **イ**　(3) **ウ**　(4) **ア**　(5) **オ**

3 (1) 洋　(2) 強　(3) 今　(4) 生　(5) 長

4 (1) **イ**　(2) **ウ**

5 (1) (例) さみしそうでかわいそうな空気を出して、女子に同情されていたこと。

(2) **ウ**　(3) **ウ**

(4) (例) 蓮人がその気持ちをだいなしにするようなたいどをとったこと

考え方

2 熟語の組み立てを考える時には、一字ずつに分けて、訓読みをしたり、その字を使ってできる別の熟語を考えたりして上下の字の関係をつかみましょう。読む順番に気をつけると組み立てを考えやすくなります。

3 漢字を覚える時には、反対の意味の字や同じ意味の字にも注目しましょう。反対の意味の字を組み合わせてできている熟語は、それぞれを訓読みすると意味をつかみやすくなります。

4 (1) **ア**と**ウ**は反対や対の意味の漢字を組み合わせた熟語ですが、**イ**は似た意味の漢字を組み合わせた熟語です。

(2) **ア**と**イ**は「高校＋生」「科学＋者」となり「二字＋一字」の構成の三字熟語ですが、**ウ**は「食＋生活」となり「一字＋二字」の構成の三字熟語です。

5 (1) ——①の直前に「そんな空気を出していたのかと思うと」とあることに注目しましょう。「そんな」の前の内容をたどっていくと、仲間はずれにされてさみしそう、かわいそう、と思わせるような空気を出していたことを指しており、それを女子に同情されたことで蓮人ははずかしく、くやしい気持ちになっているのです。

(2) ——②で蓮人は他の男子と仲良くなろうとはせず、むしろ相手を悪く言って自分から遠ざかろうとしています。人からすすめられて仲良くしようなどとは思わない、プライドの高さや気の強さが読み取れます。

(3) 「ぽかんとした顔」は、感謝されるだろうと思ってした行動（＝蓮人を助けるような行動）に対して蓮人がそれをつっぱねるような反応を見せたことへのおどろきやあきれを表しています。そして「肩がふるえている」のは、追いうちをかけるような玄太の発言により自分の行動が台無しにされたことに、ショックを受けている様子を表しています。

(4) 1行目や6〜9行目から、美里は、転校してきた蓮人を仲間はずれにしようとする男子を注意していることがわかります。正義感からそのような行動をとったのですが、30行目以降では、蓮人は美里の気遣いを台無しにするような態度をとりました。そのことを女子のひとりが「ひどい」と言っているのです。

1 かくにんテスト

答え

1

(1) 湖　(2) 木炭　(3) 予習　(4) 練

(5) 下・坂　(6) 生息　(7) 味見　(8) 家路

(9) ぜんいん　(10) ようす

2

だれが　母が ― どうした　書いた → 何を　手紙を

（主語）わたしは ―（述語）読んだ。 ← 手紙を

父の → 前で　どこで → 読んだ。

3

(1) 主語　オ　述語　カ

(2) 主語　キ　述語　ク

(3) 主語　カ　述語　イ

4

(1) A　血かんや内ぞう、血（そのもの）

B　（からだをつくる「）細ぼう（」）

C　キングコブラ　ウミヘビ　フグ

D　ハブ　マムシ　ガラガラヘビ　ヤマカガシ

E　クラゲ　エイ

(2) （例）二度さされると、アレルギーでショック死するかもしれないから。

(3) イ

考え方

2 最初に主語と述語をおさえたうえで、それぞれの言葉が直接かかっている言葉をしっかり確かめましょう。わかる部分からうめていき、完成した後に図式化したものを見直すことで、文の組み立てが確認できます。

3 「どうする」「どんなだ」「何だ」にあたる言葉が述語です。最初に述語を見つけてから、それに対応する「だれが」「何が」などの主語を見つけましょう。

4 (1) 三つの毒それぞれについて、「神経毒」は4 7段落、「出血毒」は5 6段落、「たんぱく毒」は8段落に書かれています。毒ヘビは、神経毒を持つもの、出血毒を持つものと、種類が分かれることに気をつけましょう。

(2) 10段落に、「スズメバチに二度目にさされた人が、アレルギーでショック死する」と書かれています。二度目にさされるということは、すでに一度さされたことがある人、ということになります。

(3) 文章の内容とあうかどうかは、必ず問題文と照らし合わせて確認しましょう。**イ**は11段落の最初の一文とほぼ同じ内容になっています。

ア 毒を持つ生き物がすぐにおそってくるかどうかは、この文章には書かれていません。

ウ 11段落に、生き物が持つ毒は、自分の身を守るためのもので、すみかをあらしたりむやみに近づかないように、と書かれています。「毒を持つ生き物を殺さなければならない」とは書かれていません。

■単元一覧

●丸数字の番号は，大問番号を表しています。
●教科書や『Z会グレードアップ問題集』（別売り）などで復習する際は下記をご参照ください。

	第1回	第2回	第3回	第4回	第5回
算数	❶❷たし算・ひき算の筆算 ❸長さ ❹重さ ❺❻同じ形を見つける ❼時刻と時間	❶かけ算のきまり ❷❸かけ算の筆算 ❹□を使った式 ❺円，正三角形，二等辺三角形 ❻重さのパズル	❶わり算 ❷❸あまりのあるわり算 ❹❺方陣算 ❻円 ❼棒グラフ	❶小数，かさ，長さ ❷❸小数のたし算とひき算 ❹植木算 ❺図形の規則性 ❻長さ	❶分数 ❷分数のたし算とひき算 ❸おつりの枚数 ❹サイコロ ❺カレンダーのきまり
国語	❶漢字 ❷文の組み立て ❸主語・述語 ❹説明文（話題・要点をとらえる）	❶漢字 ❷❸❹熟語の組み立て ❺物語（気持ち・性格をとらえる）	❶漢字 ❷類義語 ❸対義語 ❹詩	❶漢字 ❷漢字の部首 ❸漢字の音と訓 ❹説明文（総合）	❶漢字 ❷❸敬語 ❹物語（総合）
理科	❶植物の育ち方 ❷自然観察・いろいろな植物 ❸ものの重さ ❹音の性質	❶チョウの育ち方 ❷昆虫と昆虫でない虫 ❸風の働き ❹ゴムの働き	❶太陽と影 ❷太陽の光の働き ❸電気の通り道 ❹磁石の働き		
社会	❶地図と地図記号 ❷市の様子の移り変わり ❸昔と今の道具	❶農家の仕事 ❷お菓子工場の仕事 ❸スーパーマーケットの仕事	❶消防署の仕事 ❷警察署の仕事		

Z-KAI